9 781780 833507

Forough Farrokhzad; Interpretation of a Long Poem

Mansour Koushan

H&S

2013

Forough Farrokhzad:
Interpretation of a long poem
© Mansour Koushan 2013

Cover: Kourosh Beigpour
ISBN: 978-1780833507

H S

H&S Media Ltd
UK, 2013
info@handsmedia.com

H & S Media

از همین قلم منتشر می‌کند:

رمان و داستان:

محاق، رمان، چاپ دوم

داستان این مادران، مجموعه‌ی داستان، چاپ یکم

خواب صبوحی و تبعیدی‌ها، دو داستان بلند، چاپ دوم

راز بهارخواب، رمان، چاپ دوم

عشق‌های شیطان، چاپ دوم

مهاجر، رمان، چاپ یکم

ناخدا بانو، رمان، چاپ دوم

دهان خاموش، رمان، چاپ دوم

زنان فراموش شده، رمان، چاپ سوم

شاهد، رمان، چاپ یکم

نقد و بررسی و شناخت

حدیث تشنه و آب،
در شناخت کانون نویسندگان و نقش کارگزاران امنیتی، فرهنگی و سیاسی. چاپ دوم

فراسوی متن، فراسوی شگرد،
در شناخت زندگی و اثرهای هنریک ایبسن، چاپ دوم

هستی شناسی شعر فارسی، جلد یکم،
در شناخت ساختار و شعر فارسی از حافظ تا نیما، چاپ دوم

فراسوی خط‌های سرخ
جستارهای پراکنده و سرمقاله‌های نشریه‌های:
ایران، دنیای سخن، تکاپو، بوطیقای نو، آدینه، جنگ زمان

شعر:

سال های شبنم و ابریشم، چاپ دوم

قدیسان آتش و خواب‌های زمان، چاپ دوم

مفهوم دیگر الفبا، چاپ دوم

پنجره‌ی رو به زمان، چاپ سوم

خطابه‌های زمینی، ***خطابه‌های عارفانه***، ***خطابه‌های عاشقانه***، چاپ یکم

گفت سنگ‌ها، چاپ یکم

مولودی‌های عاشقانه، چاپ یکم

ترانه‌های هزاره‌ی کهن، چاپ یکم

نمایش‌نامه

آزمودگی، یک نمایش‌نامه‌ی بلند، چاپ دوم

در برابر آسمان، بهشت، برزخ، دوزخ، در سه پرده‌ی مستقل، چاپ یکم

آخرین شانس‌ها، ۵ نمایش‌نامه‌ی کوتاه، چاپ یکم

نورا + نورا، دو پرده، چاپ یکم

انتخابات، در چهار پرده‌ی مستقل، چاپ یکم

سال‌های بد، سال‌های خوب، ۱۵ تک‌پرده، چاپ یکم

عرفان در صحنه، ۱۸ نمایش‌نامه‌ی تلویزیونی، چاپ یکم

مولوی در صحنه، ۳ نمایش‌نامه‌ی تلویزیونی، چاپ یکم

بازی‌های عاشقانه، دو نمایش‌نامه، چاپ دوم

میدان مرگ، یک نمایش‌نامه‌ی بلند، چاپ یکم

محبوبه، در دو پرده‌ی مستقل، چاپ یکم

گرداب عاشقان – دو تک پرده، چاپ یکم

قربانیان، یک نمایش‌نامه‌ی بلند. چاپ دوم

ماجراهای جُهی در آرامسایشگاه بی کران، یک نمایش‌نامه‌ی بلند.

بازی های پنهان، ۴ نمایش‌نامه

روزنامه‌های دیروز و امروز، نمایش‌نامه در سه پرده. چاپ یکم

شبی در خانه‌ی مریم، یک نمایش‌نامه‌ی بلند.

من هم هستم اما سیاه، یک نمایش‌نامه‌ی بلند.

رمان و داستان

محاق، رمان، چاپ دوم

آداب زمینی، رمان، چاپ دوم

واهمه‌های مرگ، مجموعه‌ی داستان، چاپ دوم

واهمه های زندگی، مجموعه‌ی داستان، چاپ دوم

زانیه و زن‌های دیگر، چاپ چهارم

آوازهای خاموش در تبعید، مجموعه‌ی داستان

نقد و بررسی و شناخت

پس آن چه می‌توانستم گفت، میزگرد و گفت و گو

چالش‌های ادبیات، جستارها و نقدها، در قلمرو فرهنگ، ادبیات و هنر

آینه‌های زمان، جستارها و نقدها، در عرصه‌ی فرهنگ، جامعه و سیاست

سفر ذهنی، سفر عینی، پژوهشی در متن،

تأثیر استوره، افسانه، دین و ادبیات بر یک‌دیگر

جست و جوی خرد ایرانی، از پیش از زرتشت تا بعد از باب،

در شناخت فرهنگ ایران

وارثان حکمت خسروانی، مانی، سهروردی،

در شناخت ریشه‌های عرفان شهودی و عرفان عقلی

هستی‌شناسی داستان‌های سهروردی،

در شناخت شهاب‌الدین شهروردی و حکمت اشراق

شناخت نمایش،

در شناخت ساختار نمایش و نمایش‌نامه

حقیقت رویا و واقعیت

در شناخت اکتاویو پاز و شعرش

تبسم‌ها و تأسف‌ها،

جستارهایی در شناخت فرهنگ و جامعه

ایران، ایرانی و ما

جستارهایی در شناخت فرهنگ و آزادی

فروغ فرخ‌زاد؛ تأویل شعر بلند

شناخت شعر و اندیشه‌ی فروغ فرخ‌زاد

فروغ فرخزاد،
تأویل شعر بلند

١٣٩٢

فروغ فرخ‌زاد،
تأویل شعر بلند

منصور کوشان

منصور کوشان
فروغ فرخزاد، تأویل شعر بلند

چاپ اول :اچ انداس مدیا، لندن، ۱۳۹۲
طرح جلد: کورش بیگ‌پور

شابک ۹۷۸۱۷۸۰۸۳۳۳۵۰۷

H&S Media © 2013
info@handsmedia.com

پیش‌خوانی

تبلور، شفافیت و در عین حال غنای درونی، تو در تو و ساختار شعرهای فروغ فرخ‌زاد، هر منتقد و پژوهشگری را بر آن می‌دارد تا در شناخت دریافت احساس و اندیشه‌ی او گامی بردارد و بکوشد به سهم خود بر تعالی فرهنگ و به ویژه شعر سرزمین خود بیفزاید. به بیان دیگر، کنش و پویایی شعرهای فروغ فرخ‌زاد هر علاقه‌مند به شعر و شناخت آن را ناگزیر به چالش با آن می‌کند. از همین رو بر این گمانم که فروغ و مانندان او، چه در شعر و چه در گونه‌های دیگر متن‌های آفرینشی، چون صادق هدایت، نیما یوشیج، احمد شاملو، غلام‌حسین ساعدی و ... اگر زاده و آفرینشگر ملیت دیگری بودند تا امروز ده‌ها کتاب جدی و صدها جستار تحلیلی در باره‌ی اثرهای هر کدام‌شان منتشر شده بود.

کتاب کوچک حاضر، روزنه‌ی دیگری است به شناخت شعر فروغ فرخ‌زاد و شخصیت او، به ویژه به عنوان تنها شاعر شعر بلند در زبان فارسی، از دیدگاه ساختار هرمی شعر.

بحث و تحلیل ساختار هرمی شعر را نخستین بار در کتاب **هستی‌شناسی شعر فارسی، جلد ۱**، با بررسی و تحلیل ۱۱ شاعر از شمس‌الدین محمد حافظ شاعر سده‌ی هشتم تا مجید نفیسی شاعر زنده‌ی معاصر طرح و تعریف کردم

که در سال **۱۳۸۷** توسط نشر نوروز هنر در تهران منتشر شد. از همین رو، از آن جا که ممکن است خوانندگان این کتاب به **هستی‌شناسی شعر فارسی، جلد ۱**، دسترسی نداشته باشند، دو فصل بنیادی از این کتاب، شناخت **ساختار هرمی** و **عنصرهای ساختار هرمی شعر** را همراه با جستار **در جست و جوی جان آزاد**، از کتاب **چالش‌های ادبیات** را که در سال ۱۳۹۱، توسط نشر اج اند اس مدیا منتشر شده است، به صورت پیوست به این کتاب افزوده‌ام. باشد تا شناخت و درک مفهوم اصطلاح‌های به کار برد شده در فصل‌های **آن یگانه‌ی هنوز ناشناخته** و **تأویل و شناخت شعر بلند** سهل‌تر شود.

استاوانگر؛ ۱۸ جولای ۲۰۱۳ میلادی

برابر با ۲۷ تیر ۱۳۹۲خورشیدی

آن یگانه‌ی هنوز ناشناخته

تجربه‌ی از من خود فراتر رفتن و من راوی را من خواننده‌ی زمان‌ها و مکان‌های بی‌شمار گردانیدن، درخشان‌ترین وجه شعرهای فروغ فرخ‌زاد است. او با دریافت درست تجربه‌ی نیما یوشیج و حرکت‌های جسورانه‌ی احمد شاملو، راه گذشتن از متن‌های روزمرگی را به خوبی دریافت و توانست چنان زبان امکان و مضمون سایه و اندیشه‌ی بی‌سایه[1] را به خدمت بگیرد که بسیاری از متن‌های دوره‌ی دوم و سوم کارنامه‌ی او شعرهایی با ساختار هرمی[2] شدند.

اگر مجموعه‌ی **عصیان** فاصله‌ی میان **اسیر** و **دیوار** با **تولدی دیگر** را نشان می‌دهد، **تولدی دیگر** خود فاصله‌ی درخشان نگرش و توانایی فروغ فرخ‌زاد را با **ایمان بیاوریم به آغاز فصل سرد** و شعرهای ناگفته‌ی او را بیان می‌کند. متن‌های موجود فروغ و سیطره‌ی او بر زبان و مضمون و اندیشه و حرکت صعودی آن‌ها آشکارا بیانگر آفرینش شعرهایی به مراتب غنی‌تر آینده است. آینده‌ای که با حادثه‌ی تصادف امکان نمایش خود را از دست می‌دهد و این فرصت را نخست به فروغ و بعد به خواننده‌ی فارسی زبان نمی‌دهد که از درخشش‌های بی‌نظیر شعر بیش‌تر برخوردار باشد.[3]

فروغ فرخ‌زاد یکی از معدود شاعرانی است که منِ مخاطب[4] معمول در شعر فارسی و شعر جهان را پشت سر می‌گذارد و به منِ مخاطب نویی می‌رسد که سابقه‌ی آن در شعر و در متن‌های دیگر آفرینشی بسیار نادر است.

سیالی و غنای زبان او، در رسیدن به زبان امکان، دست یافتن او به ساده‌ترین مضمون‌ها و آن‌ها را ذهنی کردن یا از عینیت بیرون آوردن و هویت سایه‌ای به آن‌ها بخشیدن، اندیشه‌ی رسیدن به انسانیت سیال و شفاف، احساس ژرف زن - انسان بودن، متن‌های او را بطنی همیشگی یا نافرسا می‌دهد. به ویژه در متن‌هایی چون **وهم سبز** که در آن نه یک وجود مشخص، که همه‌ی شیی‌ها، همه‌ی جزءهای طبیعت یا همه‌ی آن چه زندگی پیرامونی را شکل می‌دهند، مخاطب عصیان و واگویی او می‌شوند. چنان که هم زمان با پایان متن و ضرورت بازخوانی آن، این کلیت زندگی، این جهان موجود یا این همه‌ی هستی موجود است که مخاطب من شاعر و در تداوم مخاطب من خواننده می‌شوند و نه هر جزء:

"تمام روز در آینه گریه می کردم
بهار پنجره ام را
به وهم سبز درختان سپرده بود
تنم به پیله تنهاییم نمی‌گنجید
و بوی تاج کاغذیم
فضای آن قلمرو بی آفتاب را
آلوده کرده بود
نمی توانستم، دیگر نمی توانستم
صدای کوچه صدای پرنده‌ها
صدای گم شدن توپ‌های ماهوتی
و هایهوی گریزان کودکان
و رقص بادکنک‌ها
چون حباب‌های کف صابون
در انتهای ساقه‌ای از نخ صعود می‌کردند
و باد، باد که گویی

در عمق گودترین لحظه‌های تیره‌ی هم‌خوابگی نفس می‌زد
حصار قلعه‌ی خاموش اعتماد مرا
فشار می‌دادند
و از شکاف‌های کهنه، دلم را به نام می‌خواندند.

تمام روز نگاه من
به چشم‌های زندگی‌ام خیره گشته بود
به آن دو چشم مضطرب ترسان
که از نگاه ثابت من می‌گریختند
و چون دروغ‌گویان
به انزوای بی‌خطر پلک‌ها پناه می‌آوردند

کدام قله، کدام اوج؟
مگر تمامی این راه‌های پیچاپیچ
در آن دهان سرد مکنده
به نقطه‌ی تلاقی و پایان نمی‌رسند؟
به من چه دادید ای واژه‌های ساده‌ی فریب
و ای ریاضت اندام‌ها و خواهش‌ها؟
اگر گلی به گیسوی خود می‌زدم
از این تقلب، از این تاج کاغذین
که بر فراز سرم بو گرفته است، فریبنده‌تر نبود؟

چه گونه روح بیابان مرا گرفت
و سحر ماه ز ایمان گله دورم کرد
چه گونه نا تمامی قلبم بزرگ شد

و هیچ نیمه‌ای این نیمه را تمام نکرد
چه گونه ایستادم و دیدم
زمین به زیر دو پایم ز تکیه گاه تهی می‌شود
و گرمی تن جفتم
به انتظار پوچ تنم ره نمی‌برد

کدام قله، کدام اوج؟
مرا پناه دهید ای چراغ‌های مشوش
ای خانه‌های روشن شکاک
که جامه‌های شسته در آغوش دودهای معطر
بر بام‌های آفتابی‌اتان تاب می‌خورند
مرا پناه دهید ای زنان ساده‌ی کامل
که از ورای پوست سر انگشت‌های نازکتان
مسیر جنبش کیف‌آور جنینی را
دنبال می‌کند
و در شکاف گریبانتان همیشه هوا
به بوی شیر تازه می‌آمیزد

کدام قله، کدام اوج؟
مرا پناه دهید ای اجاق‌های پر آتش - ای نعل‌های خوشبختی -
و ای سرود ظرف‌های مسین در سیاه کاری مطبخ
و ای ترنم دل‌گیر چرخ خیاطی
و ای جدال روز و شب فرش‌ها و جاروها
مرا پناه دهید ای تمام عشق‌های حریصی
که میل دردناک بقا بستر تصرفتان را

به آب جادو
و قطره‌های خون تازه می‌آراید

تمام روز، تمام روز
رها شده، رها شده چون لاشه‌ای بر آب
به سوی سهمناک‌ترین صخره پیش می‌رفتم
به سوی ژرف‌ترین غارهای دریایی
و گوشتخوارترین ماهیان
و مهره‌های نازک پشتم
از حس مرگ تیر کشیدند

نمی توانستم، دیگر نمی‌توانستم
صدای پایم از انکار راه بر می‌خاست
و یأسم از صبوری روحم وسیع‌تر شده بود
و آن بهار و آن وهم سبز رنگ
که بر دریچه گذر داشت با دلم می‌گفت
نگاه کن
تو هیچ‌گاه پیش نرفتی
تو فرو رفتی."

فروغ فرخزاد- وهم سبز- تولدی دیگر

نقش تکرار و نقشِ از جزء به کل رسیدن، یا چه گونگی بهره بردن از زبان امکان، مضمون سایه و اندیشه‌ی بی‌سایه در **وهم سبز** به شکلی صریح و آشکار خود را نشان می‌دهد.

کل شعر، چنان که از همان سطر نخست آشکار است، بازتاب آینه‌ی من راوی یا شاعر است. آینه‌ای که هم شکل عینی خود را دارد و هم در تداوم متن ذهنی می‌شود و خود نیز هم چون تمام شئی‌های درون آن و حتا خود شاعر یا من راوی[5]، شکل عینی خود را از دست می‌دهد، سایه می‌شود، بی‌زمان و مکان می‌شود؛ متن را از هویت بسته و محدود بیرون می‌آورد و آن را ازلی و ابدی می‌گرداند.

متن هم چنان که تصویر وهم‌گونه‌ی آینه است، تصویر آن فضایی است که من راوی در آن قرار دارد و از تنهایی خود به تنگ آمده است. من راوی می‌کوشد با به دست آوردن امکان تجسم عینی از واقعیت‌ها، فضای خیالی خود را نیز مجسم کند. در واقع من راوی با این شگرد، در واقعیت‌های زندگی خود به خیال روی می‌آورد و در خیال‌های خود به واقعیت متوسل می‌شود. شگردی که به شاعر امکان استفاده‌ی موفق از کارکرد تکرارها یا به کارگیری تعدد شئی‌ها را می‌دهد. شگردی که فروغ فرخزاد و بعدها یداله رویایی با زبان امکان به آن می‌رسند و فروغ با آن به متن **وهم سبز** و متن‌های دیگر خود تشخص می‌بخشد. تشخصی که به تمام عنصرهای در متن تعمیم می‌یابد. با این شگرد است که واژه‌های تکرار شده در متن، دیگر همان واژه‌های شناخته شده‌ی نخستین نیستند؛ مفهوم و معنا و نهایت حس نویی را به مخاطب می‌دهند.

در پاره‌های هشت‌گانه‌ی شعر **وهم سبز** من راوی یا خواننده همان مسیری را طی می‌کند که آخرین سطر متن یا رأس هرم آن به صراحت پیش رو می‌گذارد:

"نگاه کن
تو هیچ‌گاه پیش نرفتی
تو فرو رفتی."

خوانش متن و دقت در به کارگیری واژه‌هایی که از هویت بیرونی خود دورمی‌شوند و به هویت درون متن نزدیک می‌گردند، این سیر ژرفایی و نهایت رسیدن به قله‌ی شعر، با توجه به زبان واگویانه و زبان خطابی متن به‌تر دیده می‌شود. به ویژه آن هنگام که واژه‌ها، عضوها، خواهش‌ها، چراغ‌های خاموش، خانه‌های روشن شکاک- که جامه‌های شسته در آغوش دودهای معطر و ... مخاطب واقع می‌شوند و با این پاره به اوج قله‌ی شعر می‌رسند:

"مرا پناه دهید ای اجاق‌های پر آتش - ای نعل‌های خوشبختی –
و ای سرود ظرف‌های مسین در سیاه‌کاری مطبخ
و ای ترنم دل‌گیر چرخ خیاطی
و ای جدال روز و شب فرش‌ها و جاروها
مرا پناه دهید ای تمام عشق‌های حریصی
که میل دردناک بقا بستر تصرفتان را
به آب جادو
و قطره‌های خون تازه می‌آراید"

ویژگی شعرهای فروغ فرخ‌زاد بسیار است. تنها چند عامل نیست که زبان امکان، مضمون سایه و اندیشه‌ی بی‌سایه را در متن‌های او ستون استواری برای ساخت شکیل‌ترین ساختارهای هرمی ممکن می‌کند. توجه آگاهانه یا ناآگاهانه‌ی او به زبان و مضمون و اندیشه و چه گونگی در هم تنیدن آن‌ها و متنی با تار و پودی ابرشیمین آفریدن در اغلب مجموعه‌های او دیده می‌شود. در واقع اگر از فروغ فرخ‌زاد نیز چهار متن[۶] برمی‌گزیده می‌شود تنها به مقتضای یک قاعده‌ی از پیش تعیین شده است.

شرط انتخاب چهار شعر از هر شاعر، جست و جوی من را در مجموعه‌های بسیاری از شاعران سخت و گاه ناممکن می‌کند. در صورتی که

مجموعه‌ی **تولدی دیگر** یا **ایمان بیاوریم به آغاز فصل سرد** از فروغ فرخ‌زاد بیش‌تر یک قاعده است تا استثنا. جست و جو در متن‌های دیگر، برای شناخت و گزینش شعرهایی با ساختار هرمی، حتا در مجموعه‌های نیما و شاملو با توجه به حجم بسیار اثرهایشان، به سختی ممکن می‌شود. در صورتی که دو مجموعه‌ی آخر فروغ، درست بر خلاف مجموعه‌های نخستینش یا مجموعه‌های بسیاری از شاعران، استثنا در نبودن شعری با ساختار هرمی است. خوانش اغلب شعرهای فرخ‌زاد توأم است با دریافت صریح از ساختار هرمی. چنان که **تولدی دیگر** از او:

"همه‌ی هستی من آیه‌ی تاریکی ست
که ترا در خود تکرار کنان
به سحرگاه شکفتن‌ها و رستن‌های ابدی خواهد برد
من در این آیه ترا آه کشیدم آه
من در این آیه ترا
به درخت و آب و آتش پیوند زدم

زندگی شاید
یک خیابان دراز ست که هر روز زنی با زنبیلی از آن می‌گذرد
زندگی شاید
ریسمانی ست که مردی با آن خود را از شاخه می‌آویزد
زندگی شاید طفلی ست که از مدرسه بر می‌گردد
زندگی شاید افروختن سیگاری باشد در فاصله رخوتناک -
- دو هم‌آغوشی
یا عبور گیج رهگذری باشد
که کلاه از سر بر می‌دارد
و به یک رهگذر دیگر با لبخندی بی‌معنی می‌گوید صبح بخیر

زندگی شاید آن لحظه‌ی مسدودی ست
که نگاه من در نی نی چشمان تو خود را ویران می‌سازد
و در این حسی ست
که من آن را با ادراک ماه و با دریافت ظلمت خواهم آمیخت

در اتاقی که به اندازه‌ی یک تنهایی ست
دل من
که به اندازه‌ی یک عشق ست
به بهانه‌های ساده‌ی خوشبختی خود می‌نگرد
به زوال زیبای گل‌ها در گلدان
به نهالی که تو در باغچه‌ی خانه‌امان کاشته‌ای
و به آواز قناری‌ها
که به اندازه‌ی یک پنجره می‌خوانند

آه ...
سهم من این ست
سهم من این ست
سهم من
آسمانی ست که آویختن پرده‌ای آن را از من می‌گیرد
سهم من پایین رفتن از یک پله‌ی متروک ست
و به چیزی در پوسیدگی و غربت واصل گشتن
سهم من گردش حزن‌آلودی در باغ خاطره‌ها ست
و در اندوه صدایی جان دادن که به من بگوید:
"دست‌هایت را دوست می‌دارم"

دست‌هایم را در باغچه می کارم
سبز خواهم شد، می‌دانم، می‌دانم، می‌دانم
و پرستوها در گودی انگشتان جوهریم
تخم خواهند گذاشت

گوشواری به دو گوشم می‌آویزم
از دو گیلاس سرخ همزاد
و به ناخن‌هایم برگ گل کوکب می‌چسبانم
کوچه‌ای هست که در آن جا
پسرانی که به من عاشق بودند هنوز
با همان موهای درهم و گردن‌های باریک و پاهای لاغر
به تبسم معصوم دخترکی می‌اندیشند که یک شب او را —
- باد با خود برد

کوچه ای هست که قلب من آن را
از محل کودکی‌ام دزدیده ست

سفر حجمی در خط زمان
و به حجمی خط خشک زمان را آبستن کردن
حجمی از تصویری آگاه
که ز مهمانی یک آینه بر می گردد

و بدین‌سان ست
که کسی می‌میرد
و کسی می‌ماند

هیچ صیادی در جوی حقیری که به گودالی می‌ریزد –
- مرواریدی صید نخواهد کرد

من
پری کوچک غمگینی را
می‌شناسم که در اقیانوسی مسکن دارد
و دلش را در یک نی لبک چوبین
می‌نوازد آرام، آرام
پری کوچک غمگینی که شب از یک بوسه می‌میرد
و سحرگاه از یک بوسه به دنیا خواهد آمد."

فروغ فرخزاد/ تولدی دیگر/ تولدی دیگر

تولدی دیگر نیز از همان فضا و عنصرهایی برخوردار است که **وهم سبز** یا **تنها صداست که می‌ماند**. اگر در شعر شاعرانی این تنها زبان یا به طور دقیق‌تر این تنها زبان امکان متن است که نام یا ویژگی منصوب به نویسنده‌ی آن‌ها را نشان می‌دهد، در متن‌های فروغ هر سه عنصر بنیادی یا هر سه محور اصلی ساختار هرمی این ویژگی را به وجود می‌آورند. چنان که در شعر حافظ با توجه به نقش رند این خصلت برجسته می‌شود، در شعر نیما با نگرش ویژه‌ی او به طبیعت و در شعر شاملو با التزام او به زندگی انسان، در شعر رویایی با نگرش شرقی و ایجاز زبانی، در شعر آتشی، با هاله‌ای از تمدن و بدویت، در شعر براهنی، با زیاده‌گویی و رسیدن به هزارتوی من سوم، در شعر آزاد با درهم آمیختن تفکرهای شرقی، در شعر خویی با درهم‌آمیختگی یأس و امید، در شعر سپانلو با احیای زبان روایی کهن و دست یافتن به روایت نقالی مدرن، در شعر نفیسی با درهم آمیزی فاصله‌ی واقعیت و رویا[۷].

هستی شناسی شعر فروغ فرخزاد هم از کل به جزء رسیدن را در بردارد و هم از جز به کل رسیدن را. عینیت این کل را می‌توان در آینه‌ی **وهم سبز** به روشنی رویت کرد. آینه بازتاب همه، حتا من راوی است و چرایی وجود متن یا نویسانده شدنش به شاعر. وجود آینه وابسته است به فضا، محیط، شئی‌های پیرامون و زندگی محاط در آن. اگر من راوی و همه‌ی آن چه در متن اتفاق می‌افتد، حضور نیابند، آینه نیز بی‌حضور می‌شود. این داد و ستد متن با عنصرهای درون آن و کنش و واکنش عنصرهای درون با متن در **تولدی دیگر، تنها صداست که می‌ماند** و به ویژه در **پرنده مردنی ست** نیز آشکارا دیده می‌شود.

اگر در **وهم سبز** متن از دو روایت واگویی من راوی با خود و با شئی ساخته و پرداخته می‌شود، متن **تولدی دیگر** با سه راویت شکل می‌گیرد. در پاره‌ی نخست من راوی مخاطبی صریح دارد که هم می‌تواند خود او باشد هم من مخاطب. در پاره‌ی دوم نه اثری از من راوی هست و نه اثری از من مخاطب. این زبان امکان، این رفت و برگشت به درون و بیرون از طریق زبان، در متن به مقتضای مضمون و اندیشه مدام در رفت و آمدند تا هم متن را از یک نواختی و زبان روایی ساده برهانند و هم آن جلوه‌ی لازم و ذهنیت بخشیدن به عنصرهای مضمونی به‌تر حس شود.

بازخوانی متن‌های فروغ، به ویژه چهار شعر **وهم سبز، تولدی دیگر، تنها صدا ست که می‌ماند و دلم گرفته ست** نشان می‌دهند که هر متن هم حلقه‌ای است مستقل در کارهای او و هم حلقه‌ای است پیوسته در حلقه‌ی اثرهای دیگرش. این هماهنگی، وجوه مشترک، احساس و شعور متبلور در آن‌ها را هم در تارپود زبان امکان، مضمون سایه و اندیشه‌ی بی‌سایه‌ی هر متن می‌توان دید و هم در استقلال و تشخص هر متن.

از ویژگی‌های مشترک متن‌های او می‌توان به کنش سطرهای آغازین اغلب متن‌ها اشاره کرد که هر کدام پاسخی است به موقعیت یا واکنش من راوی:

"تمام روز در آینه گریه می‌کردم

وهم سبز

همه‌ی هستی من آیه‌ی تاریکی است

تولدی دیگر

چرا توقف کنم؟

تنها صداست که می‌ماند

دلم گرفته است

پرنده مردنی‌ست"

چرایی اغلب متن‌ها، چه به صورت مستقیم و چه به صورت نامستقیم، پاسخ دادن به کنش و واکنش‌ها است. گاه متنی چون **تنها صداست که می‌ماند** از همان آغاز این پرسش را آشکار می‌کند و گاه متنی چون **وهم سبز** در میانه. آن چه حایز اهمیت است توجه ویژه‌ی فروغ فرخزاد به این پرسش‌های صریح و پاسخ‌های ممکن به آن‌ها است. بدیهی است که پاسخ‌ها که گاه آشکارا و مستقیم هستند و گاه پنهان و در اشاره، خود پرسش‌هایی‌اند که بر بعدهای هستی‌شناسی شعر او می‌افزایند. چنان که **تنها صداست که می‌ماند** از نمونه‌های آشکار این پرسش - پاسخ و پاسخ - پرسش است:

"چرا توقف کنم، چرا؟

پرنده‌ها به سوی جانب آبی رفته‌اند

افق عمودی است

افق عمودی است و حرکت: فواره‌وار

و در حدود بینش

سیاره‌های نورانی می‌چرخند

زمین در ارتفاع به تکرار می‌رسد

و چاه‌های هوایی

به نقب‌های رابطه تبدیل می‌شوند
و روز وسعتی است
که در مخیله‌ای تنگ کرم روزنامه نمی‌گنجد
چرا توقف کنم؟
راه از میان مویرگ‌های حیات می‌گذرد
کیفیت محیط کشتی زهدان ماه
سلول‌های فاسد را خواهد کشت
و در فضای شیمیایی بعد از طلوع
تنها صدا ست
صدا که ذوب ذره‌های زمان خواهد شد
چرا توقف کنم؟

چه می‌تواند باشد مرداب
چه می‌تواند باشد جز جای تخم‌ریزی حشرات فساد
افکار سردخانه را جنازه‌های باد کرده رقم می‌زنند
نامرد، در سیاهی
فقدان مردیش را پنهان کرده است
و سوسک ... آه
وقتی که سوسک سخن می‌گوید

چرا توقف کنم؟
همکاری حروف سربی بیهوده است
همکاری حروف سربی
اندیشه‌ی حقیر را نجات نخواهد داد
من از سلاله‌ی درختانم

تنفس هوای مانده ملولم می‌کند
پرنده‌ای که مرده بود به من پند داد که پرواز را به خاطر بسپارم

نهایت تمامی نیروها پیوستن است، پیوستن
به اصل روشن خورشید
و ریختن به شعور نور
طبیعی است
که آسیاب‌های بادی می‌پوسند
چرا توقف کنم؟
من خوشه‌های نارس گندم را
به زیر پستان می‌گیرم
و شیر می‌دهم
صدا، صدا، تنها صدا
صدای خواهش شفاف آب به جاری شدن
صدای ریزش نور ستاره بر جدار مادگی خاک
صدای انعقاد نطفه‌ی معنی
و بسط ذهن مشترک عشق
صدا، صدا، صدا، تنها صدا ست که می‌ماند

در سرزمین قد کوتاهان
معیارهای سنجش همیشه بر مدار صفر سفر کرده‌اند
چرا توقف کنم؟
من از عناصر چهارگانه اطاعت می‌کنم
و کار تدوین نظام‌نامه‌ی قلبم
کار حکومت محلی کوران نیست

مرا به زوزه‌ی دراز توحش

در عضو جنسی حیوان چه کار

مرا به حرکت حقیر کرم در خلا گوشتی چه کار

مرا تبار خونی گل‌ها به زیستن متعهد کرده است

تبار خونی گل‌ها می‌دانید؟"

فروغ فرخزاد ـ تنها صداست که می‌ماند ـ تولدی دیگر

عینیت‌های ذهنی شده‌ی شعرهای فروغ فرخزاد همه زمینی و آشنایند. همه
از زندگی پیرامون من راوی و من مخاطب برآمده‌اند. واقعیت‌های هر متن به
سادگی و با زیبایی از شکل بسته و محدود خود بیرون می‌آیند و شکلی
سایه‌ای به خود می‌گیرند تا متن و نهایت اندیشه‌ی درون آن‌ها را بی‌سایه یا
همه زمانی، همه مکانی کنند. "به سحرگاه شکفتن‌ها و رستن‌ها" در تداوم
خود با واژه‌ی *ابدی* عینیت خود را از دست می‌دهند و ذهنی می‌شوند.
وابسته به متن می‌گردند. چنان که واژه‌ی "پیوند" هویت و معنایی دیگر به
جنسیت مخاطب و "درخت و آب و آتش" می‌دهد و زبان امکان فروغ
فرخزاد را به سادگی غنا می‌بخشد.

این توانایی در دگرگونی عینیت‌ها یا شئی‌ها و آدم‌ها و از آن‌ها
مضمون‌های سایه‌ای ساختن، با بهره جستن از تغییر لحن یا تغییر زاویه‌ی دید
راوی بیش‌تر متبلور می‌شود. چنان که در پاره‌ی نخست من راوی من مخاطب
حضور دارند، اما در پاره‌ی دوم هر دو آن‌ها، هم من راوی و هم من مخاطب
غایبند. متن به صورت سوم شخص ادامه می‌یابد و به ضرورت واقع‌نمایی
شدید متن، زبان امکان حضور عینی نمی‌یابد، مضمون سایه‌ای نمی‌شود تا بستر
متن را برای انعکاس یا زاویه‌ی دید من مخاطب یا خواننده ممکن‌تر کند.

نقش این بازی زاویه‌های متفاوت من راوی زمانی بیش‌تر خود را مستحیل در کنش خواننده یا مخاطب عام نشان می‌دهد که پاره‌ی سوم بازگشت خواننده را به پاره‌ی دوم ناگزیر می‌کند:

"زندگی شاید آن لحظه‌ی مسدودی است
که نگاه من در نی نی چشمان تو خود را ویران می‌سازد"

شگرد چیره‌دستانه‌ی فروغ فرخ‌زاد که به متن‌های او بار جادویی و حسی نو می‌بخشد و ساختار هرمی آن‌ها را هزارتویانه می‌کند، در چهار متنی که در این تأویل و شناخت روی آن‌ها تأکید می‌شود، به ویژه در **پرنده مردنی ست** نمایان‌تر است. از همین رو برای شناخت گویاتر ساختار هرمی متن‌های فروغ فرخ‌زاد، تمامی اجزای **پرنده مردنی ست** بررسی ساختارگرایانه می‌شود:

"دلم گرفته ست
دلم گرفته ست
به ایوان می‌روم و انگشتانم را
بر پوست کشیده‌ی شب می‌کشم
چراغ‌های رابطه تاریکند
چراغ‌های رابطه تاریکند
کسی مرا به آفتاب
معرفی نخواهد کرد
کسی مرا به میهمانی گنجشک‌ها نخواهد برد
پرواز را به خاطر بسپار
پرنده مردنی ست."

فروغ فرخ‌زاد- پرنده مردنی ست- ایمان بیاوریم به آغاز فصل سرد

شعر پرنده مردنی ست با زبان هشدار من راوی شروع می‌شود و با پایان هشدار دهنده‌ی او به من مخاطب غایب که به من راوی و به من خواننده نیز بازمی‌گردد، دوباره آغاز می‌شود. چرایی سطر نخست در چرایی سطر پایانی است و چرایی کل متن در التزام من راوی از حادثه‌ای که در لحظه‌ی اکنونی او اتفاق افتاده است. از همین رو نیز زبان متن، زبان فریاد خفه و اعتراض است. اعتراضی است از سر استیصال، درماندگی من راوی در برابر آگاهی‌اش. پرنده مردنی است و از خاطره‌ی آن دل من راوی می‌گیرد، به ایوان می‌رود و در جست و جوی راه چاره‌ای بر پوست شب انگشت می‌کشد. امیدوار است بتواند ارتباطی بیابد. از این سیاهی که از آگاهی و معرفت او سرچشمه می‌گیرد، رهایی یابد، بتواند باز به یک زندگی مسالمت‌آمیز و شاد دست یابد. هیچ دعوتی در انتظار او نیست. ناگزیر از خود بیرون می‌آید، و زبان واگویی درونی‌اش خطابی می‌شود. هم به خود و هم به خواننده هشدار می‌دهد:

> *"پرواز را به خاطر بسپار*
> *پرنده مردنی ست."*

به این شکل ساده، شعر مدام تکرار می‌شود. در هرمی بسته می‌ماند و اجازه نمی‌دهد خواننده از زبان و مضمون و اندیشه‌اش وابماند. و از این رو هم است که **پرنده مردنی ست** یکی از معدود شعرهایی است که خیلی سریع در حافظه‌ی خواننده می‌ماند و ذهن و زبان او را رها نمی‌کند.

زبان متن به عنوان وجود امکان یا عنصر نشانه، زمانی در متن اتفاق می‌افتد که تکرار سطرهای نخست، در تکرار *"چراغ‌های رابطه تاریکند"*، از عینیت به ذهنیت می‌رسند و معنای متنی خود را می‌یابند. *"دلم گرفته ست"* بدون تداوم سطر سوم و چهارم و حاصل آن‌ها، جمله‌ای است ساده، بدون وابستگی به

متن. زمانی که من راوی "*بر پوست کشیده‌ی شب*" چنگ می‌زند و هم چنان در برابر تاریکی می‌ماند، زبان امکان متن، از متن شکلی شعری می‌سازد. دیگر "*دلم گرفته ست*" یک خبر یا پیام تهی نیست. چرا که متن ادامه می‌یابد و با زبان امکان خود خواننده را غافل گیر می کند.

"به ایوان می‌روم و انگشتانم را
بر پوست کشیده‌ی شب می کشم"

آن چه به جمله‌ی نخست بار معنایی وابسته به متن می‌دهد همین "*به ایوان می‌روم و انگشتانم را/ بر پوست کشیده‌ی شب می کشم*" است. چنان که معنای این جمله هم در تداوم متن دریافته می‌شود. جمله‌ها بیرون از متن و در استقلال خود معنای ژرفی را به مخاطب منتقل نمی‌کنند؛ دگرگونی و بار معنایی عمیق خود را در کل متن به دست می‌آورند. حافظه‌ی خواننده از متن، با گذر از ایوان و پوست شب، نیامدن آفتاب و نبودن گنجشک‌ها، "*پرنده‌ی مردنی ست*". متن با از دست دادن یکی از عنصرهای درون خود، بار عاطفی، بار معنایی و نهایت مفهوم و درک کلی مخاطب از "*پرنده مردنی ست*" را از دست می‌دهد. چنان که خوانش‌های مجدد متن است که به خواننده یادآوری می کند نشانه‌های متن دیگر همان واژه‌های فرهنگ لغت نیستند. نشانه‌هایی هستند با معنایی وابسته به متن که حافظه‌ی اکنونی و تاریخی خود را دنبال می کنند.

"کسی مرا به آفتاب
معرفی نخواهد کرد"

یا

"کسی مرا به میهمانی گنجشک‌ها نخواهد برد"

معرفی به آفتاب و رفتن به میهمانی گنجشک‌ها، نه تنها از زبان امکان برآمده‌اند و در بیرون از متن معنایی نخواهند داد که به وجه هرمی ساختار

زبان شعر غنای ویژهای بخشیدهاند. در پشت تمام جملهها تاریکی است. تصویر درون متن، موجی از تاریکی است. دل گرفتگی درون من راوی از تاریکی بیرون موقعیت من راوی است. من راوی که ناامید نیست، با همهی دل گرفتگی، برای بر قراری رابطه تلاش میکند. اما این تلاش نیز حاصلی نخواهد داشت. از چراغ هیچ حافظهای جز تاریکی برای من راوی تداعی نمیشود. و در این تداعی است که درمییابد کسی او را به آفتاب معرفی نخواهد کرد. هیچ طلوع یا بامدادی در انتظار او نیست و در نتیجه نمیتواند به میهمانی گنجشکها برود. پس وقتی که شب باشد، آفتاب نیاید، هیچ پرندهای هم نخواهد بود و نهایت از پرنده تنها حافظهی پرواز برای من راوی میماند:

"پرواز را به خاطر بسپار

پرنده مردنی ست."

مضمون متن نیز سایه است. عنصرهای درون متن تصویرها و حادثهای را میسازند که از آنها جز سایه، مشخصهای در متن نیست. شب است و خانهای با ایوانی و یحتمل گنجشکهایی که در روز میزبان ـ میهمان من راویاند. در این کل کوچک که کل هستی یا جهان گستردهی جغرافیایی دیده میشود، تنها چند واژه است که خواننده میتواند تا حدودی از آنها حافظهای مشخص داشته باشد: ایوان، شب، آفتاب، گنجشک یا پرنده. واژههاییاند که واقعیت عینی بیرونی خود را از دست دادهاند و به واقعیت ذهنی درون متن تبدیل شدهاند.

کل متن یا مضمون آن هیچ واقعیت بیرونی ندارد، در حالی که تمام جزءها و کل متن برای خواننده ملموس و قابل ارتباط است. در واقع اگر مضمون از مشخصههای بیرون از متن برخوردار میشد، نشانی عینی از من راوی یا مکان و زمان او مییافت، یا نوع رابطه در آن مشخص میگشت و از شکل میهمانی و چه گونگی معرفی به آفتاب نشانی داده میشد یا حتا اگر از

پرنده نشانی عینی می‌آمد، متن سایه‌دار می‌شد و عنصرهای درون آن در موقعیتی بی‌زمان و بی‌مکان قرار نمی‌گرفتند و متن، شعری برای همه‌ی فصل‌ها نمی‌گشت.

اندیشه‌ی در متن نیز در خدمت التزام به خواست متن است. من راوی که آگاه بر وضع نابسامان خویش، تنهایی، نبودن ارتباط‌های طبیعی، چون معرفی شدن به آفتاب یا شرکت در میهمانی گنجشک‌ها است، موقعیت خود را به موقعیتی فرازمانی و فرامکانی تعمیم می‌دهد بدون این که از آن سایه‌ای بگذارد. اندیشه در متن هستی دارد بدون هیچ خط و نشانی. هرگونه رابطه‌ی بی‌شائبه‌ای از نظر من راوی رابطه‌ای انسانی است. هر گونه حرکتی که از روی نیاز باشد و در آن پویایی، مثل پرواز پرنده.

متن با کم‌ترین واژه‌های ممکن و یک ساخت هرمی ساده از بافتی در هم تنیده و شکیل برخوردار است. هرم متن که با توجه به واژه‌های زبان آن، با توجه به مضمون درون آن و با توجه به اندیشه‌ی آن، هرمی است متشکل از زبانی که نشانه‌های آن در فضا معنا می‌یابند، از مضمونی که مفاهیم حادثه‌های آن فرازمینی‌اند، از اندیشه‌ای که تعالی آن فرامکانی است، ساختاری دارد هرمی با سه وجه در فضایی سه بعدی.

این قدرت و استحکام در بسیاری از شعرهای فروغ فرخ‌زاد دیده می‌شود. به ویژه که اثرهای او، به رغم عمر کوتاهش، چنان هم گسترده و هم ژرفند، که نه تنها روی شعر شاعران بسیاری، چه در زمان خود و چه در بعد، تأثیر عمیق می‌گذارد، که به‌ترین‌های اثر هر کدام را هم می‌توان در شعرهای فروغ دید. این تأثر و این جلوه، هم از نظر سیاسی دیده می‌شود و هم از نظر ادبی.

بیش‌تر هم نسل‌های فروغ فرخ‌زاد، بعد از کودتای آمریکایی و شکست جنبش سال ۱۳۳۲، به ویژه شاعران و نویسندگان، دیگر نتوانستند چنان که می‌خواستند و شایسته بود، پشت‌های خمیده‌اشان را استوار گردانند. شاعران و نویسندگان سوته‌دل بسیاری در زیر بار شکستی این چنین سنگین، که بخش

بسیاری از آن، از نابخردی خودشان بود تا بازگشت نظام دیکتاتوری با پشتوانه‌ی نیروی چپاول‌گر بیگانه، به دو گروه تقسیم شدند. گروهی چنان حضور کم‌رنگ یافتند که گویی دیگر هیچ نقشی در ادبیات ندارند. گروه دیگر که به دلیلی نمی‌توانستند سرنوشت خود را از ادبیات جدا کنند، چند دسته شدند. دسته‌ای کسانی بودند که در تمام سال‌های بعد از آن شکست نخواستند یا نتوانستند اثرهای خود را منفک از این تأثیر بیافرینند. اینان هر کدام به گونه‌ی خود مرثیه‌سرای سال‌های کوتاه امید و سال‌های طولانی شکست گشتند. از میان این مرثیه‌سرایان، به‌ترینشان مهدی اخوان ثالث است و بدترینشان، شاعرانی که بعد از دوره‌ای، فراموشی کاذب را بر خود تحمیل کردند و با این توهم که از آن دوره گذشته‌اند، اثرهایی تهی از خیال و اندیشه تولید کردند. از اینان چند نفری هم بودند که موفق به کشف راه سوم شدند. اینان هم دوره‌ی امید و شکست را فراموش نکردند و هم کوشیدند با توجه به دوره‌ی جدید و دگرگونی‌های بنیادی و شناخت وسیع‌تر، شعرهای تأثیرگذار و ماندگاری بیافرینند. به‌ترین و شاخص‌ترین این گروه احمد شاملو است. چند نفر دیگر هم بودند که به آرامی از کنار فاجعه‌ی وحشتناک دوران خود به گوشه‌ای خزیدند. از این دسته، چند نفری همه‌ی هم و غم خود را گذاشتند روی پرداخت و پالایش شعر و شناخت ادبیات. به‌ترین این دسته یداله رویایی است. آخرین کسانی که هم نمی‌خواستند یا نمی‌توانستند چون شاعران مرثیه‌سرا باشند، نمی‌خواستند یا نمی‌توانستند تعهدی در قبال کارشان داشته باشند، نمی‌خواستند یا نمی‌توانستند به ادبیات چون چشمه‌ی بی‌ژرفایی بنگرند، به سوی ادبیات عرفانی رفتند و اثرهایی موهوم و پوچ و به ظاهر شوخ و شنگ تولید کردند که به‌ترینشان سهراب سپهری است. اما چند نفری هم بودند که چون شاهد آن امیدها و شکست‌ها بودند، با دریافت تجربه‌ی دیگران و حضور در فضای آن‌ها، راهی را برگزیدند که در نهایت همه‌ی جنبه‌های انسانی و متعهدانه‌ی گروه دوم را در برگرفت. از این گروه، اگر چه تنها یک تن

سربلند بیرون آمده است، اما اثرهای هم او، خود پاسخ‌گوی موقعیت همه‌ی دیگران است. از این رو است که رگه‌های درخشان انسان‌گرایی شعر شاملو و تعهد عمیق او به سرنوشت دوران خود، در شعرهای فروغ فرخزاد دیده می‌شود. غنای تلخی شکست شعرهای اخوان ثالث در بطن شعرهای فروغ نشسته است. ایجاز کلام و تصویرگرایی رویایی به مراتب نرم‌تر و راحت‌تر در شعرهای فروغ تبلور می‌یابد. جلوه‌های اشراقی شعر سپهری، به زیبایی و با ژرفایی بسیار عمیق انسانی در شعر فروغ می‌نشینند. نمونه‌ی درخشان این برداشت، شعر بلند **ایمان بیاوریم به آغاز فصل سرد** است که جوهر تمام شعرهای خوب شاعران دیگر را در خود دارد.

تأویل و شناخت شعر بلند

بعد از خوانش شعرهای کوتاه، تأویل و شناخت شعر بلند از اهمیت ویژه‌ای برخوردار است. چرا که شعر بلند نیازمند تشکل ذهنی شاعر و اشراف کامل او بر یک ساختار منسجم است. شعر کوتاه ممکن است در یک لحظه‌ی کوتاه و حتا در لحظه‌ی ناآگاهی نویسانده شود و ساختار آن در ناآگاهی شاعر شکل بگیرد. چنان که بسیاری از شاعران ممکن است حتا در بعد از نویسانده شدن یک متن به چه گونگی کیفیت یا حتا نوشته شدن آن آگاهی نیابند و خود در برابر تأویل و شناخت شعر توسط منتقد یا دیگری شگفت‌زده شوند. اما شعر بلند، حتا اگر تکه‌هایی، به ویژه زبان و مضمون نخستین آن در ناآگاهی کامل شاعر نویسانده شود، باز نیازمند آگاهی کامل بر روند چه گونگی شکل‌گیری و نهایت ساختار شعر است. به ویژه که نه تنها شعر بلند در یک نشست شکل نهایی خود را نمی‌یابد که بعد از نویسانده شدن نیز، اغلب نیازمند بازنویسی‌ها و گاه بازآفرینی دست کم بخش‌هایی از آن است.

آگاهی از چه گونگی مرحله‌های شکل‌گیری، نوشتن و نهایت انتشار نخستین یک شعر بلند این تجربه را نشان می‌دهد که آفرینش این گونه اثرها به ضرورت و گاه به ناگزیر از همراه شدن با واژه‌ها، سطرها و تصویرهایی است که نیازمند ویرایش بعد از آفرینش‌اند. درست همانند فرو ریختن بهمنی که ناخواسته بسیاری از سنگ‌ها و خاشاک در مسیر را با خود همراه می‌کند.

نمونه‌ی بسیار مشهور و شناخته شده‌ی این گونه ویرایش شعر **سرزمین هرز** ت. س. الیوت است که با حذف‌ها و اصلاح‌های ازرا پاند منتشر می‌شود و تفاوت متن ویرایش شده با متن نخستین بسیار آشکار است.

ناگفته نماند که شعر کوتاه و حتا هر گونه متن ادبی، به ویژه که اگر اثر آفرینشی باشد، ضرورت بازنگری و ویرایش را به دنبال می‌آورد. در تاریخ ادبیات به ندرت می‌توان به متنی با ساختار هرمی شکیل برخورد کرد که مرحله‌های ساخت و پرداخت بعد از آفرینش نخستینش را نگذرانده باشد. حتا بسیاری از شعرهای نابلند مشهور امروز جهان که دارای ساختار هرمی استثنایی است، از این قاعده مستثنا نبوده‌اند. منتقدان و پژوهش‌گران ادبی نشان داده‌اند که چه گونه حتا یک شعر کوتاه در بعد از تولدش، چندین بار ویرایش شده است تا سرانجام شاعر انتشار آن را روا دانسته است. نمونه‌هایی از این دگرگونی و حتا دگردیسی کامل را می‌توان در کتاب **تولد شعر**[۱] یا اثرهای دیگری دنبال کرد.

حاصل کار شاعر، البته در زمان خوانش، مستقل از تمام حادثه‌های پیش از انتشار متن در نظر گرفته می‌شود. زمانی که خواننده یا حتا منتقدی متنی را می‌خواند، آن متن حتا مستقل از نویسنده یا آفرینشگرش خوانده می‌شود و دیگر هیچ ارتباط معنایی با شاعر نخواهد داشت. در واقع همین استقلال متن است که به آن امکان تأویل‌ها و شناخت‌های گوناگون را می‌دهد و با هر خوانش (تولد) بیش‌تر از نویسنده‌اش فاصله می‌گیرد. در حقیقت هر متن تا پیش از انتشار وابسته به نویسنده‌اش است و با او ارتباط عینی و معنوی دارد، اما پس از انتشار به استقلالی می‌رسد که دیگر تنها ارتباط مادی آن با نویسنده‌اش انکارناپذیر می‌ماند.

در فصل‌های **ساختار هرمی** و **عنصرهای ساختار هرمی شعر** تعریف شعر و ساختار هرمی آن بررسی شد[۲] و چه گونگی خوانش شعرهای کوتاه با تأویل و شناختشان به همراه آن آمد. با توجه به این تعریف از شعر و شناخت

نمونه‌ها، این دریافت نیز به دست آمد که شعر باید برآمد احساس و شعور و اندیشه باشد در یک ساختار هرمی. اما آیا همه‌ی شعرهایی که ساختار هرمی دارند، یک‌سانند؟ بدیهی است که این پرسش نادرستی است. چرا که من تنها در باره‌ی ویژگی‌های شعر، ویژگی‌های متنی نوشته‌ام که می‌تواند شعر باشد، نه از تفاوت آن‌ها یا گوناگونی کیفیتشان. هر شعر کیفیت خود را دارد و شعر هر شاعر ساختار هرمی ویژه‌ی خود را.

همان طور که هرم‌های یک‌سان، مثل هرم‌های مثلث‌القاعده دارای جلوه‌های یک‌سان نیستند، شعرها هم نمی‌توانند هم‌سان باشند. می‌توان دو هرم مثلث‌القاعده‌ی هم‌اندازه را با جنسیت‌های مختلف در نظر گرفت. هر دو هرم هستند، اما یکی از شیشه ساخته شده و دیگری از الماس. یکی هرمی است تو خالی، دیگری هرمی است تو پر. کیفیت شعرها را هم از همین تفاوت‌ها می‌توان شناخت. هر وجه ساختار شعر، همان گونه که هر وجه هرم می‌تواند به جز جنسیت دارای ویژگی‌های دیگری مثل حکاکی، نقاشی، طراحی، خطاطی باشد و گاه همراه با شئی‌های قیمتی دیگری مانند مروارید، طلا، نقره و ... هر وجه ساختار شعر هم می‌تواند دارای ویژگی‌های خود باشد. چنان که وجه هرمی می‌تواند تو در تو، مارپیچ، شیار شیار، کنگره‌ای، ساده یا به شکل‌های دیگری باشد، هر وجه شعر هم می‌تواند دارای گونه‌هایی از این ویژگی‌ها باشد. این بستگی به احساس و شعور و اندیشه‌ی انسان شعر دارد که چه گونه متنی را به من راوی آن نویسانده باشد. از همین خاستگاه شعری هم است که یک متن قدیمی به سیاق شکل ظاهری‌اش، وزن و قافیه و ردیف و صنعت‌های دیگر ادبی، باز شعر نیست. یک متن جدید هم به سیاق وزن، بی‌وزنی، آهنگین بودن، شکستن وزن‌ها یا نشکستن وزن، پلکانی نوشتن یا نثروار نوشتن، شعر نمی‌شود. شعر، آن متنی است که با حفظ همه‌ی اصل‌های یاد شده، دارا بودن دست کم زبان به عنوان وجود امکان یا عنصر نشانه، مضمون

به عنوان وجود سایه یا عنصر حضور، اندیشه به عنوان وجود بی‌سایه یا عنصر هستی، بتواند از شکل نوشتاری نیز بهره‌مند شود.[۳]

تفاوت بنیادی میان شعر بلند و شعر کوتاه نیز از همین خاستگاه شناخته می‌شود. همان گونه که یک غزل یا یک قصیده یا یک منظومه ممکن است یک شعر بلند نباشد، تعداد سطرهای یک متن جدید نیز نمی‌تواند آن را شعر بلند بکند. همان طور که اشاره رفت بسیاری از مثنوی‌ها، قصیده‌ها یا غزل‌های بلند درخشان فارسی مجموعه‌ی شعرهای کوتاه هستند یا نظم‌های ادبی. شعرهای کوتاهی که گاه مستقل از هم هستند، گاه تکرار یک‌دیگرند، گاه مکمل هم و گاه حتا متضاد هم. از این رو گاه یک مثنوی، یک قصیده یا یک غزل بلند، (به طور معمول یک غزل هفت سطر یا بیت است، اما غزل‌های بلندی نیز موجود است که حدود بیست سطر می‌شود) با این که بیش‌تر از یک صدا یا یک من دارد، بیش‌تر از یک مضمون دارد، بیش‌تر از یک اندیشه دارد، اما باز نتوانسته یک شعر بلند بشود. چرا که از یک ساختار متشکل برخوردار نیست. زبان و مضمون و اندیشه‌ی آن درهم تنیده شده نیستند و نتوانسته‌اند ساختار هرمی یک شعر را بسازند. مانند هزاران مثنوی و قصیده و غزل یا هزاران متن پلکانی که در ادبیات فارسی در زیر عنوان شعر جای گرفته‌اند. بسیاری از غزل‌ها، قصیده‌ها، قطعه‌ها، دوبیتی‌ها و رباعی‌های ادبیات کلاسیک ایران، متن‌هایی هستند با صنعت‌های جذاب که شاید به‌ترین عنوان برای آن‌ها همان "نظم"‌های ادبیات فارسی باشد. بسیاری از متن‌های پلکانی هم که با عنوان شعر نیمایی، چهارپاره، شعر سپید، شعر موج نو، شعر آزاد، شعر حجم و ... در صد سال اخیر، به ویژه بعد از انقلاب ۱۳۵۷ با عنوان‌های من‌درآوردی و با تعریف‌های از پیش ساخته شده، نوشته و منتشر شده‌اند، یا فاقد ارزش‌های ادبی هستند و تنها در لایه‌ی حاشیه، سیاه مشق یا "حشو و زواید" ادبیات معاصر قرار می‌گیرند یا در بخش "متن‌های ادبی".

متن‌هایی که بعضی از آن‌ها به دلیل زبان یا مضمون یا اندیشه جذاب و خواندنی هستند اما در گونه‌های شعر و داستان و نمایش‌نامه، به دلیل ساختارهای ناپیوسته‌اشان، جای نمی‌گیرند. به بیان دیگر، چنین اثرهایی بدون این که شعر شده باشند، برخوردار از یکی، دو عنصر از سبک‌های شناخته شده‌ی شعر هستند. گاه از شعر "محتواگرا" تنها محتوایش، یا مضمون قابل توجه را دارند؛ توانسته‌اند اندیشه‌ای را به خواننده منتقل کنند. از شعر "تصویرگرا" تنها توانایی ساخت تصویرهایی زیبا یا ادبی را داشته‌اند بدون توجه به زبان، مضمون یا اندیشه. از شعر "صورت‌گرایی" تنها به شکل بیرونی متن توجه کرده‌اند و از زبان، مضمون و اندیشه غافل مانده‌اند یا نتوانسته‌اند از "صورت و محتوا" یا "فرم و سوژه" ساختاری درهم تنیده و شکیل ارائه دهند. گاه از شعر "ساختارگرا" یکی از وجه‌ها یا ارکان هرمی آن را داشته‌اند.

یکی از ویژگی‌های بارز شعر بلند، با حفظ همه‌ی آن ویژگی‌هایی که برای شعر به طور کلی یا شعر کوتاه گفته شد، چند صدایی بودن آن است. در یک شعر بلند بیش‌تر از یک زبان امکان، بیش‌تر از یک مضمون سایه‌ای و بیش‌تر از یک اندیشه‌ی بی‌سایه نهفته است. ممکن است متن بلندی با توجه به توانایی‌های خاستگاه انتخاب شده‌اش بتواند شعر باشد، اما با توجه به تعریفی که مراد من از آن است، باز شعر بلند نشده است. مثال روشن در این زمینه تفاوت آشکار متن یک داستان کوتاه با یک رمان است.

بدیهی است که با توجه به تعریف‌های مدرن از داستان، دیگر تعریف سامرست موام اعتبار ندارد[۴] و هیچ اثری بر مبنای تعداد صفحه‌های آن رمان نامیده نمی‌شود. هر گاه یک متن داستانی توانست بیش از یک زبان به عنوان عنصر امکان و روایت، بیش از یک مضمون به عنوان عنصر سایه و حادثه، بیش از یک اندیشه به عنوان عنصر هستی یا وجود (وجود با سایه و وجود بی‌سایه[5]) را در تار و پود ساختار خود بگنجاند، رمان نامیده می‌شود. از این رو بسیاری از داستان‌های بلند چون فقط دارای یک زبان امکان و روایت، یک

سایه و حادثه، یک صدا و اندیشه هستند، هم چنان در ساختار یک داستان باقی مانده‌اند و تفاوت آن‌ها با داستان کوتاه فقط در تعداد صفحه‌های آن‌ها است. در واقع هم چنان که چنین اثری با تکرار یک نوع زبان، تکرار یک نوع مضمون و تکرار یک نوع اندیشه نمی‌تواند از قلمرو داستان فراتر برود و در یک ساختار تک کانونی مانده است، یک متن بلند نیز با تکرار —اگر ظرفیت آن را داشته باشد و از شعر دور نشود— نمی‌تواند یک شعر بلند باشد. چنان که غزل‌های حافظ را نمی‌توان شعر بلند خواند. (به شناخت داستان و رمان و تفاوت آن‌ها در کتاب هستی شناسی داستان و رمان خواهم پرداخت.)

از سوی دیگر ساختار یک شعر بلند نیازمند در هم پیچیدگی‌های ناگزیر سه وجه بنیادی خود است. زبان امکان در شعر بلند به سختی می‌تواند با شکلی یک نواخت و یک‌سویه وجه زبانی ساختار آن را بسازد. هم چنان که مضمون در یک شعر بلند ناگزیر به شکلی تو در تو و در هم‌آمیخته است. چرا که اگر مضمون‌های یک شعر بلند، چنان که هر شعر بلند ناگزیر به داشتن دست کم دو مضمون است) نتوانند در هم ادغام شوند و به کنش ویژه‌ای از کنش‌های ناگزیر بر یک دیگر برسند، وجه مضمونی قابلیت خود را برای ساختار هرمی شعر بلند از دست می‌دهد. همین ویژگی برای وجه اندیشه شعر بلند هم مهم است. اندیشه‌ی یک سویه یا تک صدایی، حتا اگر بی‌سایه باشد، چنان که شرط رسیدن به شعری با ساختار هرمی است، توانایی خود را برای حفظ وجه ساختار هرمی شعر بلند از دست می‌دهد.

شعر بلند برای حفظ ساختار خود ناگزیر از توسل به عنصرهای بیش‌تری است. عنصرهایی که به آن امکان بازی و ساخت ساختارهای تو در تو یا هزارتویی را بدهد. به این معنا که خواننده در ترسیم ناممکن ساختار یک شعر بلند با هرم‌های کوچک و بزرگی رو به رو است که چنان درهم شده‌اند که امکان تفکیک مستقل آن‌ها ممکن نیست. یعنی با تفکیک ساختار هرم‌های یک شعر از یک دیگر، ساختار هر هرم ناکامل است. شکل نهایی‌اش مکمل

هرم‌های دیگر و نهایت هرمی است که از ترکیب، درهم شدن، هم‌جوار بودن، تو در تو بودن ساختار هرم‌های نامستقل ساخته می‌شود. در واقع اگر خواننده با ساختار چند هرم مستقل روبه رو شود، دیگر یک متن بلند شعری نخوانده است. متن خوانده شده یا یک متن روایی است بدون فراز و نشیب‌ها یا گره‌گاه‌هایی که آن را تو در تو یا چرخشی می‌کند مانند متن‌های بلند شاملو و چند نفر دیگر مانند مهدی اخوان ثالث، محمدعلی سپانلو و .... یا مجموعه‌ی چند شعر کوتاه است، مانند متن‌هایی از م. آزاد، سهراب سپهری و ... چنان که متن **در ستایش بانوی همه‌ی هوس‌ها** که من آن را در سال ۱۳۷۴ نوشته‌ام، بیش از آن که یک شعر بلند باشد، مجموعه‌ای از چند شعر کوتاه است:

"کابوس‌های بیداری خواب‌های بی‌رویایند
زندگی‌های بی‌رقص آهنگ‌های مرده
کشتی بی‌بادبان کجاوه‌ی رهرو بی‌جانی ست
شوره‌زاری
گم‌کرده دلی:

صدفِ ماهی دستانت را به گوش بسپار
شادمانه‌ی شریان‌های بازآمدنند
آفرینشِ آن شوکتی که منت بازیافته‌ام

بر تخت‌گاهی از گلاب و یاس می‌خوانمت
بر بستری از جان و دلم
تو را ساز و نوایی خواهم بود
از مهر و عریانی
ناز و نوازشی
بازآمده‌ی از درون

بانوی اطلسی‌های بامدادی
ژاله‌ی سحرگاهان بی‌ماه و میهن
شبنم رگانم
فواره‌ی نگاهی که تو را ست

دریا و آسمان را چه منظری بایست
تا در تو آن جلوه‌ی شگفت بودن باز آید؟

زمین ژرفایش را از دست خواهد داد
هنگام که از ستایش آغوشت باز می‌ماند
شب ستارگانش را از چشمانت می‌رباید
سیاهی‌اش را در گیسوانت می‌جوید

من را به دره‌های ژرف تنت مهمان کن
آسمانه‌ی نگاهت جاده‌های شیری جاودانه‌گی

بر آستانه‌ی درگاهت به تماشا ایستاده‌ام
آرامش جهان در اندام‌هایت خانه کرده ست

تو را چشمه‌هایی بایست زلال آهوان
دره‌ای که قعر جهان ست

پستان‌هایت   سرریز آفرینش شاعران
بر شکمت   رویای بیداری‌های حیات

چراگاهِ غزالان
پاهایت ستون‌های مرمری از غرور
بازوانت دامِ گله‌های عاشق
بزهای رمیده‌ی آغل‌ها

تا بر روز و هنوز می‌یابمت
بر سینه‌ات می‌خرامند
می‌آرامند دستانم
جست و جوگرِ عطشی مدام

هر رفتِ با تو را بازگشتی ست
فراهم آمدنِ دیداری
پچپچه‌ی لبانی که سرِ بازایستادنشان نیست

بانوی همه‌ی هوس‌ها!
چه مبارک ست این روز
این شب از داشتنِ تو."

اکتبر ۱۹۹۹ پاریس

منصور کوشان- در ستایش بانوی همه‌ی هوس‌ها- پنجره‌ی رو به جهان

زبان‌های به کاربرده شده، مضمون‌های مورد استفاده و اندیشه‌های درون متن یک شعر بلند تا زمانی که در متن قرار دارند، عنصرهای شعری‌اند. اما به محض این که از متن بیرون می‌آیند، قابلیت‌های شعری خود را از دست می‌دهند و آن متن هم بدون شکل نخستین آن عنصرها، دیگر شعر نیست.

یک شعر کوتاه، با توجه به تعریف ارائه شده و تأویل و شناخت آن، بیش‌تر به متنی گفته می‌شود که با حفظ سه ویژه‌گی شعر، بین یک سطر تا حدود ده سطر را در برمی‌گیرد. یک شعر نیز با توجه به همان تعریف، به متنی گفته می‌شود که بیش‌تر از حدود ده سطر است و به طور معمول از حدود سی سطر تشکیل شده است. یک شعر بلند هم با توجه به همان تعریف و تأویل و شناخت آن به عنوان متنی با دست کم دو زبان، دو مضمون و دو اندیشه که ساختار هرمی مشترک و تفکیک‌ناپذیری از آن به دست بیاید، کمیتی به مراتب بیش‌تر از یک شعر دارد و ممکن است بین پنجاه سطر تا یک کتاب کوچک باشد. اما در عین حال هیچ قاعده‌ای هم برای آن موجود نیست.

همان طور که اشاره شد کمیت شعر بلند بستگی به نیرویی دارد که خاستگاه سه عنصر بنیادی شعر آن را تعیین می‌کند. اما این یقین وجود دارد که یک شعر بلند بنا به خاستگاه و ویژگی ساختاری‌اش که از تعداد عنصرهای بنیادی و عنصرهای پیوندی بهره می‌جوید، نمی‌تواند از نظر کمی به چند سطر تقلیل یابد. یک شعر بلند ساده، متنی است که دست کم دو ساختار هرمی در آن در هم ترکیب شده باشند و ساختار هرمی سومی را به وجود بیاورند.

ترکیب دو ساختار یعنی درهم آمیختن دو زبان به عنوان وجود امکان یا عنصر نشانه، دو مضمون به عنوان وجود سایه یا عنصر حضور و دو اندیشه به عنوان وجود بی‌سایه یا عنصر هستی. چنین کیفیتی در فشرده‌ترین و موجزترین متن‌ها هم نمی‌تواند کمیتی کم‌تر از حدود چهل سطر داشته باشد. (مانند شعر **سرزمین هرز** از ت. س. الیوت). حال با توجه به این که این دو ساختار برای ترکیب شدن نیاز به عنصرهای پیوندی دارند تا مصالح یا پل ارتباطی میان دو ساختار را بسازند و توانایی این را بیابند که ساختار سومی را ارائه دهند، یک شعر بلند ساده از نظر کمی بیش از چند صفحه خواهد بود. مانند **سنگ آفتاب** از اکتاویو پاز و **ایمان بیاوریم به آغاز فصل سرد** از فروغ فرخ‌زاد که آن را در این جا بازمی‌شناسیم.

ساختارشناسیِ شعر بلندِ
ایمان بیاوریم به آغاز فصل سرد

برای دست یافتن به تأویل و شناخت شعر بلند فارسی متأسفانه مشکل انتخاب وجود دارد. شعری که دارای تمام ویژگی‌های ساختار هرمی یک شعر بلند باشد، اگر هم در میان متن‌های فارسی موجود است، دست کم تا این لحظه از دسترس من دور بوده است. بنابراین شعر **ایمان بیاوریم به آغاز فصل سرد** از فروغ فرخ‌زاد تنها از این رو که نزدیک‌ترین متن به شعر بلند است و از چند شعر کوتاه یا یک روایت ساده ساخته نشده، جهت تأویل و شناخت برگزیده می‌شود. به ویژه که **ایمان بیاوریم به آغاز فصل سرد**، چنان که در تأویل و شناخت آن مشخص خواهد شد، از مضمون سایه‌ای درخشان و اندیشه‌ی بی‌سایه یا عنصر هستی موفقی برخوردار است و این هر دو را فروغ فرخ‌زاد تا حد ممکن در متن چنان در هم ادغام کرده و در تار و پود هم تنیده است که از آن نه تنها روایتی از موقعیت من اکنونی زن - انسان امروز ارائه می‌دهد که کل سرنوشت زن - انسان تاریخ بشریت را پیش روی خواننده قرار می‌دهد. یعنی هم روایت آیینی آفرینش زن - انسان را نشان می‌دهد و هم روایت علمی پدید آمدن زن - انسان را. به بیان دیگر، اگر زبان روایی متن، یک‌سان نمانده بود و به زبانی چند صدایی رسیده بود، بر مبنای تعریف ساختار هرمی

شعر بلند، که ضرورت تکامل تمام وجههای هرم، زبان، مضمون و اندیشه را الزامی می‌کند، **ایمان بیاوریم به آغاز فصل سرد** یکی از درخشان‌ترین شعرهای بلند شناخته شده با ساختار هرمی در تاریخ ادبیات فارسی بود:

"و این منم

زنی تنها

در آستانه‌ی فصلی سرد

در ابتدای درک هستی آلوده‌ی زمین

و یأس ساده و غمناک اسمان

و ناتوانی این دست‌های سیمانی.

زمان گذشت

زمان گذشت و ساعت چهار بار نواخت

ساعت چهار بار نواخت

امروز روز اول دی ماه است

من راز فصل‌ها را می‌دانم

و حرف لحظه‌ها را می‌فهمم

نجات دهنده در گور خفته است

و خاک، خاک پذیرنده

اشارتی‌ست به آرامش

زمان گذشت و ساعت چهار بار نواخت

در کوچه باد می‌آید

در کوچه باد می‌آید

و من به جفت گیری گل‌ها می‌اندیشم

به غنچه‌هایی با ساق‌های لاغر کم خون

و این زمان خسته‌ی مسلول

و مردی از کنار درختان خیس می‌گذرد

مردی که رشته‌های آبی رگ‌هایش

مانند مارهای مرده از دو سوی گلوگاهش

بالا خزیده‌اند

و در شقیقه‌های منقلبش آن هجای خونین را

تکرار می‌کنند

- سلام

- سلام

و من به جفت‌گیری گل‌ها می‌اندیشم

در آستانه‌ی فصلی سرد

در محفل عزای آینه‌ها

و اجتماع سوگوار تجربه‌های پریده‌رنگ

و این غروب بارور شده از دانش سکوت

چه‌گونه می‌شود به آن کسی که می‌رود این‌سان

صبور،

سنگین،

سرگردان،

فرمان ایست داد.

چه‌گونه می‌شود به مرد گفت که او زنده نیست، او هیچ وقت

زنده نبوده است.

در کوچه باد می‌آید

کلاغ‌های منفرد انزوا

در باغ‌های پیر کسالت می‌چرخند

و نردبام

چه ارتفاع حقیری دارد.

آن‌ها ساده‌لوحی یک قلب را

با خود به قصر قصه‌ها بردند

و اکنون دیگر

دیگر چه گونه یک نفر به رقص بر خواهد خاست

و گیسوان کودکی‌اش را

در آب‌های جاری خواهد ریخت

و سیب را که سرانجام چیده است و بوییده است

در زیر پا لگد خواهد کرد؟

ای یار، ای یگانه‌ترین یار

چه ابرهای سیاهی در انتظار روز میهمانی خورشیدند.

انگار در مسیری از تجسم پرواز بود که یک روز آن پرنده‌ها

نمایان شدند

انگار از خطوط سبز تخیل بودند

آن برگ‌های تازه که در شهوت نسیم نفس می‌زدند

انگار آن شعله‌های بنفش که در ذهن پاک پنجره‌ها می‌سوخت

چیزی به جز تصور معصومی از چراغ نبود.

در کوچه‌ها باد می‌آمد

این ابتدای ویرانی ست

آن روز هم که دست‌های تو ویران شد باد می‌آمد

ستاره‌های عزیز

ستاره‌های مقوایی عزیز

وقتی در آسمان، دروغ وزیدن می‌گیرد

دیگر چه گونه می‌شود به سوره‌های رسولان سر شکسته پناه

آورد؟

ما مثل مرده‌های هزاران هزار ساله به هم می‌رسیم و آن گاه

خورشید بر تباهی اجساد ما قضاوت خواهد کرد.

من سردم است
من سردم است و انگار هیچ وقت گرم نخواهم شد
ای یار ای یگانه‌ترین یار "آن شراب مگر چند ساله بود؟"
نگاه کن که در این جا
زمان چه وزنی دارد
و ماهیان چه گونه گوشت‌های مرا می‌جوند
چرا مرا همیشه در ته دریا نگاه می‌داری؟
من سردم است و از گوشواره‌های صدف بی‌زارم
من سردم است و می‌دانم
که از تمامی اوهام سرخ یک شقایق وحشی
جز چند قطره خون
چیزی به جا نخواهد ماند.
خطوط را رها خواهم کرد
و هم چنین شمارش اعداد را رها خواهم کرد
و از میان شکل‌های هندسی محدود
به پهنه‌های حسی وسعت پناه خواهم برد
من عریانم، عریانم، عریانم
مثل سکوت‌های میان کلام‌های محبت عریانم
و زخم‌های من همه از عشق است
از عشق، عشق، عشق.
من این جزیره‌ی سرگردان را
از انقلاب اقیانوس
و انفجار کوه گذر داده‌ام
و تکه تکه شدن، راز آن وجود متحدی بود
که از حقیرترین ذره‌هایش آفتاب به دنیا آمد.

سلام ای شب معصوم!

سلام ای شبی که چشم‌های گرگ‌های بیابان را

به حفره‌های استخوانی ایمان و اعتماد بدل می‌کنی

و در کنار جویبارهای تو، ارواح بیدها

ارواح مهربان تبرها را می‌بویند

من از جهان بی‌تفاوتی فکرها و حرف‌ها و صداها می‌آیم

و این جهان به لانه‌ی ماران ماننداست

و این جهان پر از صدای حرکت پاهای مردمی‌ست

که هم چنان که ترا می‌بوسند

در ذهن خود طناب دار ترا می‌بافند

سلام ای شب معصوم

میان پنجره و دیدن

همیشه فاصله‌ای ست

چرا نگاه نکردم؟

مانند آن زمان که مردی از کنار درختان خیس گذر می‌کرد ...

چرا نگاه نکردم؟

انگار مادرم گریسته بود آن شب

آن شب که من به درد رسیدم و نطفه شکل گرفت

آن شب که من عروس خوشه‌های اقاقی شدم

آن شب که اصفهان پر از طنین کاشی آبی بود،

و آن کسی که نیمه‌ی من بود، به درون نطفه‌ی من بازگشته بود

و من در آینه می‌دیدش،

که مثل آینه پاکیزه بود و روشن بود

و ناگهان صدایم کرد

و من عروس خوشه‌های اقاقی شدم ...

انگار مادرم گریسته بود آن شب

چه روشنایی بیهوده‌ای در این دریچه‌ی مسدود سر کشید

چرا نگاه نکردم؟

تمام لحظه‌های سعادت می‌دانستند

که دست‌های تو ویران خواهد شد

و من نگاه نکردم

تا آن زمان که پنجره‌ی ساعت

گشوده شد و آن قناری غمگین چهار بار نواخت

چهار بار نواخت

و من به آن زن کوچک برخوردم

که چشم‌هایش، مانند لانه‌های خالی سیمرغان بودند

و آن چنان که در تحرک ران‌هایش می‌رفت

گویی بکارت رویای پرشکوه مرا

با خود به سوی بستر شب می‌برد

آیا دوباره گیسوانم را

در باد شانه خواهم زد؟

آیا دوباره باغچه‌ها را بنفشه خواهم کاشت؟

و شمعدانی‌ها را

در آسمان پشت پنجره خواهم گذاشت؟

آیا دوباره روی لیوان‌ها خواهم رقصید؟

آیا دوباره زنگ در مرا به سوی انتظار صدا خواهد برد؟

به مادرم گفتم: "دیگر تمام شد"

گفتم: "همیشه پیش از آن که فکر کنی اتفاق می‌افتد

باید برای روزنامه تسلیتی بفرستیم"

انسان پوک

انسان پوک پر از اعتماد
نگاه کن که دندان‌هایش
چه گونه وقت جویدن سرود می‌خوانند
و چشم‌هایش
چه گونه وقت خیره شدن می‌درند
و او چه گونه از کنار درختان خیس می‌گذرد:
صبور،
سنگین،
سرگردان.
در ساعت چهار
در لحظه‌ای که رشته‌های آبی رگ‌هایش
مانند مارهای مرده از دو سوی گلوگاهش
بالا خزیده‌اند
و در شقیقه‌های منقلبش آن هجای خونین را
تکرار می‌کند
ـ سلام
ـ سلام
آیا تو
هرگز آن چهار لاله‌ی آبی را
بوییده‌ای؟
زمان گذشت
زمان گذشت و شب روی شاخه‌های لخت اقاقی افتاد
شب پشت شیشه‌های پنجره سُر می‌خورد
و با زبان سردش
ته مانده‌های روز رفته را به درون می‌کشید

من از کجا می‌آیم؟

من از کجا می‌آیم؟

که این چنین به بوی شب آغشته‌ام؟

هنوز خاک مزارش تازه ست

مزار آن دو دست سبز جوان را می‌گویم ...

چه مهربان بودی ای یار، ای یگانه‌ترین یار

چه مهربان بودی وقتی دروغ می‌گفتی

چه مهربان بودی وقتی که پلک‌های آینه‌ها را می‌بستی

و چلچراغ‌ها را

از ساق‌های سیمی می‌چیدی

و در سیاهی ظالم مرا به سوی چراگاه عشق می‌بردی

تا آن بخار گیج که دنباله‌ی حریق عطش بود بر چمن خواب

می‌نشست

و آن ستاره‌های مقوایی

به گرد لایتناهی می‌چرخیدند.

چرا کلام را به صدا گفتند؟

چرا نگاه را به خانه‌ی دیدار میهمان کردند!

چرا نوازش را

به حجب گیسوان باکرگی بردند؟

نگاه کن که در این جا

چه گونه جان آن کسی که با کلام سخن گفت

و با نگاه نواخت

و با نوازش از رمیدن آرامید

به تیرهای توهم

مصلوب گشته است.

و جای پنج شاخه‌ی انگشت‌های تو
که مثل پنج حرف حقیقت بودند
چه گونه روی گونه‌ی او مانده ست
سکوت چیست، چیست، چیست ای یگانه‌ترین یار؟
سکوت چیست به جز حرف‌های ناگفته
من از گفتن می‌مانم، اما زبان گنجشکان
زبان زندگی جمله‌های جاری جشن طبیعت ست.
زبان گنجشکان یعنی: بهار. برگ. بهار.
زبان گنجشکان یعنی: نسیم. عطر. نسیم.
زبان گنجشکان در کارخانه می‌میرد.
این کیست این کسی که روی جاده‌ی ابدیت
به سوی لحظه‌ی توحید می‌رود
و ساعت همیشگی‌اش را
با منطق ریاضی تفریق‌ها و تفرقه‌ها کوک می‌کند.
این کیست این کسی که بانگ خروسان را
آغاز قلب روز نمی‌داند
آغاز بوی ناشتایی می‌داند
این کیست این کسی که تاج عشق به سر دارد
و در میان جامه‌های عروسی پوسیده ست.
پس آفتاب سرانجام
در یک زمان واحد
بر هر دو قطب نا امید نتابید.
تو از طنین کاشی آبی تهی شدی.
و من چنان پرم که روی صدایم نماز می‌خوانند ...
جنازه‌های خوشبخت

جنازه‌های ملول

جنازه‌های ساکت متفکر

جنازه‌های خوش بر خورد، خوش پوش، خوش خوراک

در ایستگاه‌های وقت‌های معین

و در زمینه‌ی مشکوک نورهای موقت

و شهرت خرید میوه‌های فاسد بیهودگی ...

آه، چه مردمانی در چارراه‌ها نگران حوادثند

و این صدای سوت‌های توقف

در لحظه‌ای که باید، باید، باید

مردی به زیر چرخ‌های زمان له شود

مردی که از کنار درختان خیس می‌گذرد ...

من از کجا می‌آیم؟

به مادرم گفتم: "دیگر تمام شد."

گفتم: "همیشه پیش از آن که فکر کنی اتفاق می‌افتد

باید برای روزنامه تسلیتی بفرستیم."

سلام ای غرابت تنهایی

اتاق را به تو تسلیم می‌کنم

چرا که ابرهای تیره همیشه

پیغمبران آیه‌های تازه‌ی تطهیرند

و در شهادت یک شمع

راز منوری است که آن را

آن آخرین و آن کشیده‌ترین شعله خوب می‌داند.

ایمان بیاوریم

ایمان بیاوریم به آغاز فصل سرد

ایمان بیاوریم به ویرانه‌های باغ‌های تخیل

به داس‌های واژگون شده‌ی بیکار
و دانه‌های زندانی.
نگاه کن که چه برفی می‌بارد ...
شاید حقیقت آن دو دست جوان بود، آن دو دست جوان
که زیر بارش یک ریز برف مدفون شد
و سال دیگر، وقتی بهار
با آسمان پشت پنجره هم‌خوابه می‌شود
و در تنش فوران می‌کنند
فواره‌ها سبز ساقه‌های سبک‌بار
شکوفه خواهد داد ای یار، ای یگانه‌ترین یار
ایمان بیاوریم به آغاز فصل سرد..."

فروغ فرخزاد- ایمان بیاوریم به آغاز فصل سرد-
ایمان بیاوریم به آغاز فصل سرد

ایمان بیاوریم به آغاز فصل سرد از این رو شعر بلند محسوب می‌شود که فروغ فرخزاد توانسته است به گونه‌ای ساده کانون محوری کل متن را بر مبنای حضور من راوی در سه زمان و رفت و برگشت و تشخص دادن به این زمان‌های گوناگون با سه گونه واگویی درونی، ساختار هرمی آن را حفظ کند.

شعر در اکنون من راوی و در زمان درونی شعر، در آغاز فصل زمستان یا روز نخست دی ماه با بیانی صریح آغاز می‌شود. متن چنان ساده است که با خواندن چند سطر و شاید به‌تر است گفته شود، با خواندن چند واژه‌ی آغاز به سختی می‌تواند خواننده را جذب کند.

"و این منم

زنی تنها
در آستانه‌ی فصلی سرد
در ابتدای درک هستی آلوده‌ی زمین
و یأس ساده و غمناک آسمان"

در پنج سطر نخستین، متن نه تنها فاقد هرگونه زبان امکان است که بسیار
هم رمانتیک و ناهم‌زمان با زمان سرایش آن یعنی دوره‌ی مدرن‌گرایی است.
نگاه خواننده به سرعت از روی سه سطر نخستین می‌گذرد و هیچ گونه امکان
مکث در مورد جمله‌های *"در ابتدای درک هستی آلوده‌ی زمین"* و *"و یأس
ساده و غمناک آسمان"* نمی‌یابد. یعنی آن تصور از پیش تعیین شده یا تعریف
متعارف که نقطه‌ی پرش یا نیروی اصلی و قدرتمند یک متن برای تعلیق و
جذب خواننده سطر آغازین آن است، در این جا هیچ کارکردی ندارد. مگر
این که همین صراحت *"و این منم/ زنی تنها/ در آستانه‌ی فصلی سرد"* به دلیل
سادگی و صراحت بیش از حد آن در مورد یک متن شعری، نوعی آشنازدایی
در نظر گرفته شود و بر مبنای همین اصل آغاز متن را آغازی غافل‌کننده یا
شروعی موفق نامید.

این تصور البته، دور از ذهن نیست، اما بسیار ساده‌انگارانه است. چرا که
اگر تنها آغاز متن بدون پیشینه‌ی نویسانده‌ی آن در اختیار خواننده قرار بگیرد،
یعنی هیچ آگاهی از شاعر آن فروغ فرخزاد نباشد یا بدون آگاهی از این که
شاعر آن چه شعرهای دیگری سروده است، به سختی با نظریه‌ی آشنازدایی
ممکن است مجذوب شروع متن گشت و به خواندنش ادامه داد. تنها در تداوم
متن است که شگرد آشنازدایانه نیز در بسیاری از سطرها و پاره‌ها کیفیت خود
را نشان می‌دهد. (این نظر البته با این که به زبان امکان بسیار کمک می‌کند،
اما به بررسی جداگانه‌ای نیاز دارد و در بحث ساختار هرمی شعر نمی‌گنجد.)

به گمان من آن چه متن را در همان بند نخست به سرعت به یک متن شعری یا به یک زبان امکان نزدیک می‌کند تضاد بزرگ پنج سطر نخست و بسیار رمانتیک آن با سطر ششم است که در واقع هم نقطه‌ی پایان جمله‌های بی‌فعل را کامل می‌کند و هم به آن‌ها فعلیت می‌بخشد:

"و ناتوانی این دست‌های سیمانی."

ضربه‌ی صریح و ناگهانی "و ناتوانایی این دست‌های سیمانی" که خود از شگرد آشنازدایانه نیز برخوردار است، چنان شدید و سنگین است که متن به‌ترین شیوه‌ی تداوم را در گریز دیگری جز رسیدن به یک زبان روزمره‌ی روایی نمی‌یابد:

"زمان گذشت
زمان گذشت و ساعت چهار بار نواخت
ساعت چهار بار نواخت"

متن اگر چه بار دیگر زبان روایی ساده‌ای به ضرورت می‌یابد، اما از جادوی شعری دور نمی‌شود. متن سریع و به راحتی در بافت خود آن ضرورت لازم شعر شدن را می‌تند. با تکرار و تأکید روی ساعتی که چهار بار می‌نوازد، متن ابتدا خود را به متن ارجاع می‌دهد و از هرگونه مابه‌ازای بیرونی دور می‌شود تا بتواند یک روز قراردادی در تاریخ خورشیدی را از نشانه‌ی همیشگی خود و حافظه‌ی خواننده بیرون بیاورد و به آن زمانی ازلی ابدی بدهد. به بیان دیگر متن مضمون خود را سایه می‌کند تا اندیشه‌ی در خود را بی‌سایه کرده باشد.

"و این منم
زنی تنها
در آغاز فصلی سرد"

این زن تنها دیگر یک واقعیت بیرونی نیست. من راوی دیگر فقط زنی نیست در واقعیت که در آغاز فصل زمستان یا در روز اول ماه تقویم جلالی زمزمه‌ی خود یا واگویی خود را آغاز می‌کند.

"امروز روز اول دی‌ماه است."

این اول دی‌ماه، هر روزی است که در فصل سرد آغاز می‌شود و این فصل سرد هر زمانی است که زنی تنها *"در ابتدای درک هستی آلوده‌ی زمین"* و *"یأس ساده و غمناک آسمان"* قرار گرفته باشد. به بیان دیگر زمان درونی متن یا زمان آغاز واگویی من راوی، آن گاه آغاز می‌شود که به *"ناتوانی این دست‌های سیمانی"* رسیده است. این زمان در زمان عمقی، با تکرار گذر زمان و تأکید روی صدای ساعت اتفاق می‌افتد.

در واقع من راوی به سادگی و به صراحت هم خواننده را از یک زمان طولی و بیرونی آگاه می‌سازد و هم با گذر از آن زمان و بازگشت به همان آغاز فصل سرد که در حافظه‌ی خواننده *"اول دی‌ماه"* است، او را فراتر از آن زمان می‌برد و به او یک زمان عمقی یا درونی را نشان می‌دهد تا امکان "ادراک" از "هستی"ی متن را بیش‌تر کرده باشد.

"در آغاز فصلی سرد

....

زمان گذشت

......

ساعت چهار بار نواخت

....

امروز روز اول دی‌ماه است"

نمی‌توان پذیرفت که اشاره‌ی متن به ساعت چهار، هم چنان در طول متن اعلام یک زمان قراردادی بیرونی است و روز اول دی‌ماه، همان زمان عینی در واقعیت است، چرا که متن این ارجاع به بیرون از متن را هم نامحدود و ازلی ابدی می‌کند و هم محدود و معین می‌گرداند تا به شعر برسد.

فروغ آگاهانه یا ناآگاهانه در این متن درست بر خلاف آن چه عمل می‌کند که بسیاری از شاعران بعد از نیما به اشتباه انجام می‌دهند و اندیشه‌ی درونی نظریه‌ی نیما را در مورد اندیشه و مضمون درنمی‌یابند. بسیاری از متن‌های فروغ که ساختار هرمی دارند، به ویژه همین شعر بلند **ایمان بیاوریم به آغاز فصل سرد** به این دلیل متنی شعری با ساختار هرمی است که نشان می‌دهد اندیشه‌ی نیما یوشیج را دریافته و در راستای نظریه‌ی او حرکت کرده است.

"*آغاز فصل*"، "*ساعت*" و "*اول دی‌ماه*" واقعیت‌های عینی یا عنصرهای شناخته شده‌ای هستند که در متن **ایمان بیاوریم ...** به دگردیسی و تکامل می‌رسند و دیگر همان واژه‌های شناخته شده نیستند. نشانه‌هایی هستند با معنا و مفهومی که متن در کنش خود از سویی و کنش خواننده از سوی دیگر، به آن‌ها می‌رسد. به بیان دیگر فروغ فرخزاد توانسته است در متن **ایمان بیاوریم ...** عین را ذهنی کند. کاری که در سه کتاب نخست یا شعرهای دوره‌ی اول شاعری‌اش بر آن اشراف نداشت.

در متن‌های سه مجموعه‌ی **اسیر**، **دیوار** و **عصیان** مانند اثر بسیاری از شاعران پیش از فروغ فرخزاد و هم‌عصر او و بعد از او، این عنصرها یا نمادهای ذهنی هستند که به جای یک واقعیت عینی یا یک مابه‌ازای عینی می‌نشینند و نمی‌توانند خود را از قالب و چارچوب شناخته شده‌ای برهانند که در حافظه‌ی خواننده دارند. در صورتی که در بسیاری از شعرهای مجموعه‌های **تولدی دیگر**" و "**ایمان بیاوریم به ...**" عنصرهای عینی یا واژه‌هایی که به دلیل حضورشان در حافظه‌ی خواننده معنا و مفهوم ثابت

دارند، به جای عنصرهای ذهنی شاعر یا من راوی متن می‌نشینند و خود را از مابه‌ازاهای عینی یا ارجاع به واقعیت رها می‌کنند تا بتوانند در بازگشت به واقعیت ذهنی و درونی خواننده به مابه‌ازایی برسند که حاصل متن و خواننده است. چنان که "فصل سرد" یا "ساعت چهار" یا "روز اول دی‌ماه" و بسیاری از نشانه‌های دیگر در این شعر، عنصرهای عینی هستند که یک واقعیت ذهنی را بازگو می‌کنند. همان‌گونه که "دست‌های سیمانی" دیگر همان واژه‌های شناخته شده نیستند و نشانه‌هایی هستند که معنا و مفهوم و احساس نو آن‌ها در کنش‌ها و واکنش‌های متن و خواننده متولد می‌شود. چنان که خواننده با کمی تعمق و تفکر روی چرایی سطرها یا جمله‌هایی یک سان به راحتی می‌تواند دریابد هیچ کدام از عنصرهای **ایمان بیاوریم به آغاز فصل سرد** نشانه‌های تک‌معنایی نیستند. هر واژه یا نشانه به ضرورت و در پرورش و ارائه‌ی معنایی جدید تکرار می‌شود و هر عنصر عینی در هر تکرار بیش از آن که به معنای خود در واقعیت زمان حال خواننده را ارجاع بدهد، به معنایی ذهنی و واقعیتی در گذشته حوالت می‌دهد.

بدیهی است که استدلال فراتر رفتن از معنای شناخته شده‌ی واژه‌ها یا رسیدن به نشانه‌هایی با معناهای نو هر متن را از همان متن می‌توان گرفت و نه این که از پیش و بر مبنای یک نظریه‌ی بیرون از متن بر آن سوار کرد.

تداوم خوانش شعر **ایمان بیاوریم به ...** این دریافت و درک آن را به روشنی پیش روی خواننده می‌گذارد:

"من راز فصل‌ها را می‌دانم
و حرف لحظه‌ها را می‌فهمم
نجات دهنده در گور خفته است
و خاک، خاک پذیرنده
اشارتی ست به آرامش
زمان گذشت و ساعت چهار بار نواخت"

چرا متن به این سرعت، بعد از شش جملهی کوتاه باز به گذر زمان و نواخت ساعت میرسد؟ حتا برای رسیدن به زمان عمقی، رسیدن به لحظهی درونی، لحظههای رویاگونه که زمان در آن طولی نیست، نیاز به بازگشت به زمان ندارد و همان "و ساعت چهار بار نواخت" به راحتی میتواند نشانهای بشود به جای جملهای همانند این که "ای خواننده بدان و آگاه باشد که زمان نمیگذرد و تکرار صدای ساعت به نشانهی ایستا بودن زمان است و در رویا و خاطره فرو رفتن راوی" یا جملههایی از این گونه. در صورتی که متن بهصراحت گذر زمان را اعلام میکند:

"زمان گذشت و ساعت چهار بار نواخت"

تکرار این سطر تنها تأکید بر بازگشت من راوی به نقطهی آغاز متن نیست. چرا که متن در رفت و برگشت من راوی به زمانهای گوناگون درونی که با عنصرهای متحرک درونی شعر مثل مرد، پیرزن، مادر، زن کوچک و امکانهای زبانی مانند فعلهای ماضی نقلی، ماضی ساده و مضارع و لحنهای گوناگون خبری، خطابی و پرسشی آنها را اعلام میکند، نشان میدهد بازگشتها اگر چه از نظر زمان طولی بازگشت به مکانهای پیشین است اما یک دگرگونی در آن اتفاق افتاده است. در واقع متن در این رفت و بازگشت طولی، گذشته، حال، حتا آینده نیست که از ورطهی یک متن ساده به یک متن شعری میرسد. اتفاقی که در بسیاری از متنهای دیگر روایی میافتد و همین آنها را از شعریت یا رسیدن به یک ساختار هرمی متشکل بازمیدارد. بلکه متن **ایمان بیاوریم به ...** این رفت و بازگشت خود را هم به صورت عمقی و هم به صورت طولی طی میکند. این مفهوم به این معنا است که من راوی از نقطهی الف به نقطهی ب میرود اما دیگر از نقطهی ب به نقطهی

الف بازنمی‌گردد. بازگشت او از مبدأ دیگری است. مبدأیی ذهنی که بازگشت به همان کمیت را با کیفیت دیگری ممکن می‌گرداند.

من راوی هم در یک زمان بیرونی ثابت قرار دارد مانند آغاز فصل سرد یا روز اول دی‌ماه و درست وقتی که ساعت چهار بار می‌نوازد و هم در یک زمان درونی مانند وقتی که از "*درک هستی آلوده‌ی زمین*" احساس "*یأس و غمناکی*" می‌کند و دست‌های خود را برای هر حرکتی ناتوان و سیمانی می‌بیند. زمان بیرونی رفت و بازگشتی طولی یا ناگذرا دارد و زمان درونی رفت و بازگشتی عمقی یا ناایستا. یعنی درست برخلاف واقعیت بیرونی یا واقعیت ذهنی متن‌های قراردادی دیگر. از این رو من راوی در این سیر سیال خاطره‌گونه در لحظه‌ای ایستا، با تداعی، به زمان طولی یا گذشته، از مسیر زمان عمقی بازمی‌گردد و حاصل این هر دو را بازگو می‌کند. یعنی من راوی در هر رفت و بازگشت، از آن جا که زمان عمقی (ذهنی) از مسیر زمان طولی می‌گذرد، با عنصر تازه‌ای برخورد نمی‌کند. ساعت همان ساعت، روز همان روز و فصل همان فصل می‌ماند و هیچ اتفاقی در مرد نمی‌افتد. و از آن جا که زمان طولی (عینی) از مسیر عمقی می‌گذرد، ذهنیت من راوی تغییر می‌کند و به درک دیگری از پیرامون خود می‌رسد:

"در کوچه باد می‌آید
در کوچه باد می‌آید
و من به جفت‌گیری گل‌ها می‌اندیشم
به غنچه‌هایی با ساق‌های لاغر کم‌خون
و این زمان خسته‌ی مسلول
و مردی از کنار درختان خیس می‌گذرد
مردی که رشته‌های آبی رگ‌هایش
مانند مارهای مرده از دو سوی گلوگاهش
بالا خزیده‌اند

و در شقیقه‌های منقلبش آن هجای خونین را
تکرار می‌کند
- سلام
- سلام
و من به جفت‌گیری گل‌ها می‌اندیشم
در آستانه‌ی فصلی سرد
"......

در صورتی که برای نمونه همین تصویر از مرد در تکرار سوم به عین دیده می‌شود بدون این که ذهن راوی ایستا باشد یا عنصرهای دیگر را به همان گونه‌ی نخستین بار ببیند:

"در ساعت چهار
در لحظه‌ای که رشته‌های آبی رگ‌هایش
مانند مارهای مرده از دو سوی گلوگاهش
بالا خزیده‌اند
و در شقیقه‌های منقلبش آن هجای خونین را
تکرار می‌کند
- سلام
- سلام
آیا تو
هرگز چهار لاله‌ی آبی را
بوییده‌ای؟
زمان گذشت
"......

مشخص است که اندیشه یا پرسش من راوی از خود در آینه یا نیمه‌ی خود، از سویی با هم‌سان‌پنداری، چرایی واگویی خود را می‌نمایاید، یعنی از اندیشیدن *"به جفت‌گیری گل‌ها"* *"به ادراک هستی"*ی آن‌ها می‌رسد. مسئله‌ای که هم ایستایی زمان طولی یا پوچی آن را با تصویر مرد ارائه می‌دهد و پویایی زمان عمقی یا معنوی آن را با تصویر بوییدن چهار لاله‌ی آبی. از سوی دیگر هم در این هم‌سان‌پنداری که در ادامه‌ی متن آشکار را دیده می‌شود، به چه گونگی آفرینش آیینی یا قدسی، چه گونگی پدید آمدن علمی یا تکاملی جهان و نهایت – مشی و مشیانه – زن، حوا و مرد، آدم – دست می‌یابد.

اگر **ایمان بیاوریم به آغاز فصل سرد** بر مبنای تکرار "- *سلام* / - *سلام*"ها و تصویرهای وصفی مرد که دو بار تکرار می‌شوند، شعری سه بخشی فرض شود، پیش‌درآمد متن با تکرار *"در آستانه‌ی فصلی سرد"* و برداشت من راوی تمام می‌شود و بخش میانی با *"در کوچه باد می‌آید"* آغاز دوباره می‌یابد:

"در کوچه باد می‌آید
کلاغ‌های منفرد انزوا
در باغ‌های پیر کسالت می‌چرخند
و نردبام
چه ارتفاع حقیری دارد."

بازگشت‌ها و تکرارها زبان اصلی و مضمون درونی و اندیشه‌ی نهایی متن را می‌سازند. به بیان دیگر کلید کالبدشکافی متن یا دریافت چه گونگی ساختار شعر، از همان آغاز شکل می‌گیرد و هم چون ساختار یک متن موسیقایی، در رفت و بازگشت‌ها و تکرار صریح جمله‌ها و عنصرهای نهادینه‌ی متن، از ورطه‌ی افتادن در "سانتیمانتالیسم" و "رمانتیسیم" می گذرد و به سوی یک متن شعری و ساختار هرمی شکیل اوج می گیرد.

به بیان دیگر **ایمان بیاوریم به آغاز فصل سرد** متنی است سهل و ممتنع. از آن رو سهل است که به رغم سطرها و ترکیب‌های بسیار زیبای آن، باز نوشتن و تکرار نوع آن بسیار ساده است و متن در خوانش نخست، به جز لحن بیان آن، به ظاهر چندان از جاذبه‌های یک متن شعری با ساختار هرمی برخوردار نیست. و از آن رو ممتنع است که نوشتن چنین متنی، آن هم با این زبان ساده و تکرارهای مکرر، به سختی می‌تواند خود را از "سانتیمانتالیسم" برهاند. (و شاید از همین رو است که مقلدان فروغ هم از هر شاعر شناخته شده‌ی دیگری بیش‌تر هستند و هم ناموفق‌تر از هر مقلد دیگری.)

تکرار یک سطر و به ویژه تکرار آغاز یک سطر در سطرهای دیگر یکی از شگردها و ویژگی‌های شعرهای فروغ فرخ‌زاد است که خیلی سریع در بین شاعران دیگر هم‌نسل او و نسل‌های بعد، بدون منطق بیانی ضروری تقلید و تکرار می‌شود. چرا که زبان درونی متن شاعران دیگر یا لحن گفتاری و نوشتاری آن‌ها فاقد ویژگی تکرار در شعرهای فروغ است. آن چه که بیش از همه منطق حضور تکرار را در متن‌های فروغ پذیرفتنی و دل‌نشین می‌کند، بافت زبانی او است. چنان که بسیاری از شعرهای او را نمی‌توان با صدای بلند خواند. بلند خواندن متن‌های او ضرب‌آهنگ و تأثیر شگرف زمزمه‌وار آن را می‌گیرد. از این نظر زبان فروغ به رغم تفاوت‌های بسیار آشکارش با زبان تعدادی از شعرهای اخوان ثالث، به بعضی از آن‌ها بسیار نزدیک است و نقطه‌ی مقابل بسیاری از شعرهای شاملو است که ضرورت فریاد زدن یا بلند خواندن یکی از ظرفیت‌های قوی شعرهای او است.

متن بعد از شناساندن من راوی که زنی است تنها، من سوم که مردی است در گذر از کنار درخت خیس و ساخت فضایی مبهم میان واقعیت و رویا و بسیار یأس‌انگیز، به ساخت جهانی می‌رسد که چرایی متن و استدلال نوع آغاز آن را تکمیل می‌کند. زن تنها از آن رو "*در آستانه‌ی درک هستی آلوده‌ی*

زمین" ایستاده است و "*یأس ساده و غمناک آسمان*"، که گذشته‌ی خود یا بنیاد هستی‌اش را بر بنیاد یک "*ساده لوحی*" می‌بیند:

"آن‌ها ساده لوحی یک قلب را
با خود به قصر قصه‌ها بردند
و اکنون دیگر
دیگر چه گونه یک نفر به رقص برخواهد خاست
و گیسوان کودکی‌اش را
در آب‌های جاری خواهد ریخت
و سیب را که سرانجام چیده شده است و بوییده است
در زیر پا لگد خواهد کرد؟"

مشخص است که این "*آن‌ها*" در آغاز این بند متن، با توجه به "*زمان گذشت و ساعت چهار بار نواخت*"، "*سیب چیده شده*" و "*قصر قصه‌ها*" از سویی خواننده را هم تا افسانه‌ی آفرینش و آگاهی آدم و حوا می‌برد، هم تا انفجار بزرگ بیگ بنگ و این آگاهی بر سرنوشت را نامبارک می‌خواند و از سوی دیگر با تکیه روی بوییدن و انتظار رقصیدن، نیاز به آگاهی نو و ساخت دوباره‌ی سرنوشت را پیش رو قرار می‌دهد. گویی من راوی متن از این همه آلودگی و یأس چنان خسته شده است که در انتظار سرنوشتی دیگر، سرنوشتی خود خواسته است و از آن جا که خود "*توانایی دست‌های سیمانی*" اش را از دست داده است و می‌داند "*نجات دهنده در گور خفته است*"، امیدوار آغازی دیگرگونه، آغازی زمینی است و انتظار دارد کسی، "*یگانه‌ترین یار*"، "*کسی که مثل هیچ کس نیست*" بیاید و این "*فلک را سقف بشکافد و طرحی نو در اندازد*":

"ای یار، ای یگانه‌ترین یار
چه ابرهای سیاهی در انتظار روز میهمانی خورشیدند

انگار در مسیر تجسم پرواز بود که یک روز آن پرندهها نمایان شدند
انگار از خطوط سبز تخیل بودند
آن برگها که در شهوت نسیم نفس میزدند
انگار
آن شعلههای بنفش که در ذهن پاک پنجرهها میسوخت
چیزی مگر تجسم معصومی از چراغ نبود."

تغییر لحن زبان من راوی و حرکت او به سوی من مخاطب این هشدار و
انتظار را صریح و باورپذیر میکند و خواننده را هر چه بیشتر به سمت و
سوی پذیرش و ضرورت *چراغ* خانه رهنمود میشود. چرا که تصور نجات
دهندهای نازمانی و نازمینی را نمیپذیرد و او را هم چون مردی که *از کنار
درخت خیس/ صبور/ سنگین/ سرگردان* میگذرد و در جست و جوی راهی
برای این است که به او بگوید: *او زنده نیست، او هیچ وقت زنده نبوده
است*، میداند و یقین دارد هیچ نجات دهندهای بیرون از اراده و انتخاب
آدمی وجود ندارد. از همین رو باور چراغ را به باور خورشیدی که در پشت
انبوهی ابر سیاه نهان است، ترجیح میدهد.

من راوی که دو گونه رفت و بازگشت (عینی و ذهنی) به گذشته و حال
را دنبال میکند، در بازگشت دوبارهاش به گذشتهی ذهنی در کنار پنجرهی
مأمن ترس و ناامیدی خود میایستد و چون به یاد میآورد که *در کوچه باد
میآمد*، پایان یأس خود را تصویر میکند. این بار اما واگویی من راوی تنها
با خود یا نیمهی دیگر خود یا تصویر خود در آینهی سرنوشت نیست. او خود
را جزیی انکارناپذیر از کل هستی میداند و موجودیت خود را در ارتباط
مستقیم با موجودیت جزءهای دیگر فلکها به یاد میآورد. از همین رو
ناتوانی دستهای سیمانی و *ویران* شدن آن را، بر اساس دنیایی از دروغ
و نیرنگ که توسط رسولان (پیامبران) ساخته شده است، آغاز ویرانی کل

هستی می‌خواند. آن کلی که در کلام رسولان از آغاز جز دروغی بیش نبوده است:

"در کوچه باد می‌آمد

این ابتدای ویرانی ست

آن روز هم که دست‌های تو ویران شد باد می‌آمد

ستاره‌های عزیز

ستاره‌های مقوایی عزیز

وقتی در آسمان، دروغ وزیدن می‌گیرد

دیگر چه گونه می‌شود به سوره‌های رسولان سرشکسته پناه آورد؟"

لحن زبان راوی به آرامی به سوی من مخاطب می‌چرخد و زبان متن را به زبان امکان نزدیک می‌کند تا آن را از بی‌پیرایه‌گی و ناشعری بودن نجات دهد. اشاره به دست‌های ویران من مخاطب که بازگشت به من راوی و موقعیت او را در آغاز متن نشان می‌دهد، همراه است با ارجاع متن به ستاره‌های مقوایی که هم ستاره‌های ویژه‌ی من راوی‌اند با مابه‌ازایی از تولد نامبارک او یا سرنوشت دروغین و مقوایی‌اش، هم ستاره‌های گیتی که بخشی از موجودیت او را تشکیل می‌دهند. به روایت دیگر، متن با این شیوه برخورد با عنصرهای خود به راحتی زبان معمول را به سود زبان امکان می‌گرداند و مضمون خود را سایه‌ای می‌کند تا بتواند به آن التزامی برسد که بنیاد اندیشه‌ی سایه - بی‌سایه‌ی شعر را می‌سازد. التزام شاعر یا من راوی به افشا کردن و شهادت دادن بر سرنوشت کاذبی که رسولان بر او و هر انسان دیگر فرو ریخته‌اند و او و دیگران را از زندگی، از یک زیست واقعی بازداشته‌اند و اسیر توهم‌هایی کرده‌اند که هیچ حاصلی جز یأس و غمناکی در نهایت هستی آن‌ها نگذاشته‌اند:

"ما مثل مرده‌های هزاران ساله به هم می‌رسیم و آن گاه

خورشید بر تباهی اجساد ما قضاوت خواهد کرد."

این آگاهی از موقعیت، من راوی را به پرسشی صریح از من مخاطب و خود میرساند و انگاری تازه از سُکر این شراب هزار سالهی رسولان بیرون آمده باشد با احساسی از تکه تکه شدن وضعیت خود را چنان حضورش در اعماق دریا، تصویر میکند. چرا که بیداری یا آگاهی او، گذر زمان (زمانی که متن مدام روی آن تکیه میکند) و از دست دادن زندگی را به او نشان میدهد و برای نخستین بار درمییابد که در زیر سنگینی آن، چنان قرار گرفته که انگاری در ژرفای اقیانوس است. اقیانوسی که ضرورت انقلاب در آن را از پیش حس میکند و تصمیم میگیرد با رها کردن شمارش اعداد، هر گونه قاعده و قانون از پیش اعلام شده، (همانند شمارش معکوس برای انفجار بیگ‌بنگ یا هر انفجار دیگری) خود را در وضعیتی قرار بدهد که احساس عریانی کند. احساس انسانی که دیگر پوشیده از وهمها و خرافهها و عرف و اخلاق و قانون و قاعده نیست. میکوشد خود را از همهی آن چه به نام عشق به او، عشق به انسان بر او هموار کردهاند و روانش را خراشیدهاند، نجات بدهد:

"ای یار، ای یگانه‌ترین یار "آن شراب چند ساله بود؟"
نگاه کن که در این جا
زمان چه وزنی دارد
و ماهیان چه گونه گوشتهای مرا میجوند
چرا مرا همیشه در ته دریا نگاه میداری؟
من سردم است و میدانم
که از تمامی اوهام سرخ شقایق وحشی
جز چند قطره خون
چیزی به جا نخواهد ماند

و هم چنین شمارش اعداد را رها خواهم کرد
و از میان شکل‌های هندسی محدود
به پهنه‌های حسی وسعت پناه خواهم برد
من عریانم، عریانم، عریانم
مثل سکوت‌های میان کلام‌های محبت عریانم
و زخم‌های من همه از عشق است
از عشق، عشق، عشق."

در این عریانی و عشق ازلی است که من راوی خود را "حوا" زمان خود، حوای آورنده‌ی آگاهی از روی عشق به"آدم" (مردی که از کنار درختان خیس می‌گذرد) می‌بیند و در اکنون خود، خود را جزیره‌ی سرگردانی هم چون تاریکی پیش از آفرینش آیینی به روایت **تورات** یا آن توده‌ی سیاه نخستین پیش از انفجار بزرگ یا بیگ بنگ می‌بیند و حسرت آن شب ابدی پیش از آفرینش جهان به هر دو روایت را می‌خورد. حسرت بهشتی که در آن دور از هر گونه بیم و امیدی می‌زیست و ناگزیر نبود هم چون سیزیف یونایی به خاطر انسان آینده رنجی مضاعف را متحمل شود؛ رنجی که او را وادار می‌کند به واگویی خود بدون شتاب یا کندی، به همان سیاق گذشته ادامه دهد تا متن به آن تشکل جادویی ادغام استوره و واقعیت برسد.

فروغ فرخ‌زاد چنان آگاهی و موقعیت من راوی را تصویر می‌کند که بخش میانی یا اصلی متن بر مبنای اندیشه‌ی حسرت و بازنگری و رسیدن به چرایی موقعیت من راوی با به‌ترین شگرد شکل می‌گیرد و موقعیت زن - انسان متن او شکلی ازلی ابدی می‌یابد. در واقع من راوی متن اگر چه نسبت به سرنوشت انسان گرفتار در "*سوره‌های رسولان*" یا حتا رقم‌ها و قاعده‌های دانشمندان، حساس و رنجیده است، اما بیش‌تر از آن التزام خود را در اسارت زن - انسان می‌بیند و برای رهایی از آن، حتا از دریچه‌ی علم نیز باور خود را

استوار می‌کند و به "بیگ بنگ" یا نقطه‌ی آغاز پدید آمدن جهان موجود از دیدگاه نادینی اشاره می‌کند تا اندیشه‌ی مستتر در متن را از تک ساحتی یا تک صدایی برهاند و با توجه به دو مضمون داده شده، مضمون متن را با مضمون سایه‌ای یا شعری کامل کند:

"من این جزیره‌ی سرگردان را
از انقلاب اقیانوس
و انفجار کوه گذر داده‌ام
و تکه تکه شدن، راز آن وجود متحدی بود
که از حقیرترین ذره‌هایش آفتاب به دنیا آمد."

بعد از این تصویر تکان‌دهنده است که ناگهان لحن زبان متن تغییر می‌کند و من مخاطب من راوی، این زن تنها، مأیوس، غمگین و زخم‌خورده دیگر نه خود، نه هم‌ذات، نه آن یگانه‌ترین یار، نه مادر، نه کودک خوش ناآگاهی‌ها و نه آدم - مرد است، آن توده‌ی آغازین است که در هر دو روایت آیینی و علمی، از آن سخن رفته است. تکه‌ای که آگاهی، توانایی و جسارت فروغ فرخزاد را در ساخت شعری شکیل و محکم از نظر مضمون و اندیشه نشان می‌دهد. به ویژه که به قدرت و به آرامی، متن را از تمام این مابه‌ازاهای بیرونی و ارجاع به افسانه‌های آفرینش و محاسبه‌های علمی به وجود آمدن جهان کنونی گذر می‌دهد و تمام عنصرهای خود را ملتزم به متن می‌گرداند. به بیان دیگر، مضمون متن هم چنان سایه می‌ماند و اندیشه هم چنان بی‌سایه و دو وجه هرم شعر بدون هیچ خدشه‌ای به راحتی از این پیچ و تاب‌های درخشان می‌گذرند و ساختار هرمی شکیلی بر جای می‌گذارند:

"سلام ای شب معصوم!
سلام ای شبی که چشم‌های گرگ‌های بیابان را
به حفره‌های استخوانی ایمان و اعتماد بدل می‌کنی

و در کنار جویبارهای نو، ارواح بیدها
ارواح مهربان تبرها را می‌بویند
من از جهان بی‌تفاوتی فکرها و حرف‌ها و صداها می‌آیم
و این جهان به لانه‌ی ماران مانند است
و این جهان پر از مردمی ست
که هم چنان که تو را می‌بوسند
در ذهن خود طناب دار ترا می‌بافند"

به موضوع بسیار حساس و مهمی که چه گونه شاعر یا هر آفرینشگری برای رسیدن به یک اثر ناب یا ماندگار، می‌تواند عمل کند تا اثری قابل تعمیم به همه‌ی دوره‌ها بیافریند که در هر زمان و هر مکان خواننده داشته باشد، پیش از این اشاره کرده‌ام.[۱] اکنون نه تنها این شعر **ایمان بیاوریم به آغاز فصل سرد** یکی از نمونه‌های درخشان آن است که بسیاری از عنصرهای آن، به ویژه این تکه‌ی "*سلام ای شب معصوم*"، یکی از ناب‌ترین نمونه‌ها است. این تکه به راحتی نشان می‌دهد که چه گونه شاعر توانسته است از زبان امکان بهره‌مند شود و به واژه‌ها چنان شخصیت شئی - نشانه بودن ببخشد که یک عنصر ساده و ملموس و عینی، آرام به سوی یک عنصر فرازمانی و ذهنی کشیده شود. اتفاقی که در شعر معاصر ایران به ندرت پیش می‌آید. چنان که نمونه‌های موفق و ناموفق از این گونه تلاش را در اثرهای احمد شاملو می‌توان دید. شاملو نیز از این آگاهی بهره می‌جوید، اما گاه نادانسته خلاف آن عمل می‌کند. به جای این که عینیتی شناخته شده، متعلق به زمان و مکان خود را چنان بپروراند که از آن ذهنیتی فرازمانی و فرامکانی بیافریند، بیش‌تر شخصیتی ذهنی را دست‌مایه‌ی اثر خود قرار می‌دهد تا از آن شخصیتی عینی ارائه دهد. نمونه‌های روشن آن، شخصیت‌های استوره‌ای است که جای‌گزین شخصیت‌های مبارز زمان شاعر می‌شوند و بیش از آن که خواننده را از

تک‌خویی برهانند و به سوی آزادی و آینده سوق بدهند، اسیر تک‌خویی و گذشته می‌گردانند. البته، از شاملو شعرهایی هم وجود دارد که در آن عین ذهنی شده است و درست همان‌کارکردی را یافته است که انتظار می‌رود. یعنی یک انسان زمینی، امروزی، به چنان ذهنیتی در شعر می‌رسد که به انسانی نازمینی یا فرازمانی یا اسطوره‌ای شبیه می‌گردد. مانند شعرهای **سرود ابراهیم در آتش**، **نازلی**[۲] و ... که در آن شاملو شخصیت مهدی رضایی و وارطان سالاخانیان را هم‌سان شخصیت‌های اسطوره‌ای می‌پروراند[۳].

فروغ فرخ‌زاد این ویژگی از عینیت به ذهنیت را در شعرهای دیگرش نیز تجربه کرده است، اما از آن جا که شعر بلند به خاطر ویژگی‌اش نیازمند دست کم دو زبان امکان یا عنصر نشانه، دو مضمون یا عنصر سایه، دو اندیشه یا عنصر بی‌سایه است و نهایت متنی چند صدایی را طلب می‌کند، در **ایمان بیاوریم به آغاز فصل سرد** به راحتی توانسته است مرز مشترک میان ذهن و عین یا گذشته و حال یا افسانه و واقعیت را بنمایاند و بر لبه‌ی تیز آن با موفقیت بایستد. در واقع اگر **ایمان بیاوریم به ...** از گوناگونی زبان روایت بهره‌مند بود، چنان که از گوناگونی مضمون و اندیشه بهره‌مند است، یکی از درخشان‌ترین نمونه‌های شعر بلند با ساختار هرمی بود. البته تلاش فروغ برای رسیدن به گوناگونی زبان در متن مستتر است، می‌توان دریافت که چرا من راوی در مسیر سیال خود از اکنون خود به اکنون حوا، با زنان دیگر یا حتا مردان دیگری و به ویژه مرد - آدم برخورد می‌کند و موقعیت آن‌ها را به تصویر می‌کشد، اما متأسفانه در تمام این مرحله‌ها، متن تنها از زبان روایی، خبری، خطابی و پرسشی من راوی می‌گذرد و خواننده اگر چه بر مضمون و اندیشه‌ی آن‌ها اشراف می‌یابد، هیچ گاه زبان مستقیم آن‌ها را نمی‌خواند.

یکی از بارزترین تکه‌هایی که عنصر عینی و عنصر ذهنی را کنار هم می‌گذارد، باز در همین تکه متن اتفاق می‌افتد و بر خواننده است که با توجه به عنصرهای پیرامونی و موقعیت من راوی در متن دریابد که مرز ذهن و عین

در کجا قرار گرفته است. چنان که در ادامه‌ی "*سلام ای شب معصوم*"، فروغ فرخزاد چیره‌دستانه و جادویی از شب عینی - ذهنی، یعنی شبی که بازگشت من راوی را به ازلیت نشان می‌دهد، آرام به سوی جهان عینی موجود حرکت می‌کند و بعد از "*طناب دار*" که خود عنصری است با ارجاع ذهنی به ازلیت و تاریکی یا سیاهی، من راوی را به اکنون خود بازمی‌گرداند. یعنی به شبی عینی - ذهنی، شبی که هم حضور تلخ‌کام من راوی را با آن همه یأس و غمگینی می‌نمایاند و هم امید به روزنه‌ای، پنجره‌ای برای فراتر رفتن از آن را:

"سلام ای شب معصوم
میان پنجره و دیدن
همیشه فاصله‌ای ست
چرا نگاه نکردم؟
مانند آن زمان که مردی از کنار درختان خیس گذر می‌کرد ..."

روشن است که شاعر خود کلیدهای دریافت متن را در متن گذاشته است و نشان می‌دهد که در هر بازگشت به موقعیت خود ناگزیر از بازگشت به گذشته می‌شود و در این رفت و بازگشتی که انگار هرگز پایان نمی‌یابد، تکامل آگاهی خود را با پرسشی نو بیان می‌کند. چنان که با هر پرسش در گذشته باز ناگزیر به رجعت به حال می‌شود و وضعیت خود را در هر دو موقعیت، هم زن - انسان امروزی و هم زن - انسان ازلی یا فروغ - حوا بودن محک می‌زند. چنان که درست همانند "*سلام ای شب معصوم*" که به دلیل زبان امکان یا نشانه شدن، دو مفهوم یا دو عینیت متفاوت را در دو زمان بیان می‌کنند، "*چرا نگاه نکردم؟*" نیز دو مفهوم یا دو موقعیت متفاوت را در دو زمان نشان می‌دهند.

روشن است که "*چرا نگاه نکردم؟*" پرسشی است در گذشته‌ی دور و فعل گذشته‌ی "*کرد*" که برای نخستین بار در مورد مرد به کار می‌رود،

آشکارا آن را بیان می‌کند و "چرا نگاه نمی‌کردم؟" در ادامه‌ی متن، رجعت من راوی به گذشته‌ی اکنونی او است. چنان که بسیاری از جمله‌های تکراری دیگر، هر کدام معنایی مستقل با توجه به موقعیت من راوی دارند. مانند *انگار مادرم گریسته بود آن شب* " که دو بار در فاصله‌ی بسیار کم در این تکه تکرار می‌شود و دو موقعیت متفاوت من راوی را بیان می‌کند.

گریه مادر در شب نخست از درد زایمان من راوی است، و گریه مادر در شب دوم از درد از دست دادن من راوی که باز تداعی تولد دردناک دیگری است.

فروغ فرخزاد با این بازگشت‌ها به گذشته، همسان‌پنداری من راوی را به اوج قدرت می‌رساند. یعنی از یک سو تولد او را با تولد آفرینش جهان آیینی و تولد آفرینش جهان علمی یکی می‌کند و از سوی دیگر متن را چنان در هم تنیده و هزارتویانه می‌گرداند که خواننده را نیز هم چون من راوی ناگزیر به بازگشت‌های مدام می‌کند. البته با این تفاوت که من راوی به گذشته‌ی خود و گذشته‌ی کهن کنشی انسان بازمی‌گردد و خواننده به متن که این هر دو را در خود دارد:

"چرا نگاه نکردم؟
انگار مادرم گریسته بود آن شب
آن شب که من به درد رسیدم و نطفه شکل گرفت
آن شب که من عروس خوشه‌های اقاقی شدم
آن شب که اصفهان پر از طنین کاشی آبی بود،
و آن کسی که نیمه‌ی من بود، به درون نطفه‌ی من بازگشته بود
من در آینه می‌دیدمش،
که مثل آینه پاکیزه بود و روشن بود
و ناگهان صدایم کرد
و من عروس خوشه‌های اقاقی شدم ...

انگار مادرم گریسته بود آن شب
چه روشنایی بیهوده‌ای در این دریچه‌ی مسدود سرکشید"

این نخستین بار است که متن از من راوی نشانی عینی از زنانگی می‌دهد و
گذر از مرحله‌ای عینی به مرحله‌ی عینی دیگری را تصویر می‌کند. در
تصویرهای پیش از این، بیش از این که نشانه‌های عینی از موقعیت من راوی
مطرح باشد، تصویرهای عینی - ذهنی از او شکل می‌گیرد. وضعیت من راوی
بیش‌تر نزدیک است به وضعیت یک زن - انسان. اما در این تکه، که تلاش
فروغ نیز برای رهایی از یک متن روایی ساده و رسیدن به یک متن شعری به
خوبی دیده می‌شود، ضرورت نمایش یأس و غمگینی من راوی و توجیح او
برای هر گونه سیاه‌نگری در گذشته و حال، تصویر دهشتناک شب عروسی او
و امید کاذب او به زندگی دیگر، یا زن شدن و از باکره‌گی گذشتن را نشان
می‌دهد. بی‌گمان به سختی می‌توان تصویری چنین موجز، شگفت‌انگیز، سیاه
و جنسی در تاریخ ادبیات در باره‌ی امید به ازدواج و یأس حاصل از آن یا
گذر از دوشیزه‌گی به زنانگی به دست آورد:

"چه روشنایی بیهوده‌ای در این دریچه‌ی مسدود سرکشید"

ادامه‌ی شعر بازنگری من راوی است به خود، دلبستگانش و دور و
بری‌هایش. من راوی با تصویرهای متعددی از گذشته، حال و آینده، سه
وضعیت از خود را ترسیم می‌کند. در این نگاه‌های تو در توی من راوی
است که من مخاطب، من سوم در یک معماری این زمانی شکل کامل‌تری
می‌یابند و خواننده به‌تر حضور ملموس و آرمان او را درمی‌یابد. در واقع
متن در این تکه یا نیمه‌ی دوم بخش میانی، آگاهی شهودی و اشراق من
راوی را از گذشته‌ی دور نشان می‌دهد و بر واقعیت پیشادید او صحه
می‌گذارد تا بار دیگر هراس و اضطراب پایان‌ناپذیر او را از سرنوشتی که

در پیش رو دارد، به نمایش بگذارد و خواننده را با جهان‌بینی او و هم‌دل و هم‌صدا گرداند:

"چرا نگاه نکردم؟
تمام لحظه‌های سعادت می‌دانستند
دست‌های تو ویران خواهد شد
و من نگاه نکردم
تا آن زمان که پنجره‌ی ساعت
گشوده شد و آن قناری غمگین چهار بار نواخت
چهار بار نواخت
و من به آن زن کوچک برخوردم
که چشم‌هایش، مانند لانه‌های خالی سیمرغان بودند
و آن چنان که در تحرک ران‌هایش می‌رفت
گویی بکارت رویای پرشکوه مرا
با خود به سوی بستر شب می‌برد"

این تثبیت پیشادید من راوی، با آرزوهای دوباره‌ی او، روزنه‌های امیدی که حتا خود نیز به آن باور ندارد اما توانایی انکارشان را هم در خود نمی‌بیند، تا پایان بخش میانی متن ادامه می‌یابد و همین که خود را در موقعیت نخستین زن- حوا می‌یابد، باز به ذهنیت نخستین خود بازمی‌گردد. به آن تلخ‌کامی که از آگاهی، شعور و اشراف بر جهان پیرامون نصیبش گشته بازمی‌گردد. در واقع تصویر مرد، که این بار با تغییر در شکل بیان و با ضمیر او حضور می‌یابد، "*و او چه گونه از کنار درختان خیس می‌گذرد*" و تکرار "*سلام*" در ادامه‌ی آن، نشان می‌دهد که بخش میانی پایان می‌یابد و با "*سلام*" دوم، بخش آخر آغاز می‌شود.

من راوی در بخش پایانی، با تکرار عنصرها و حتا سطرها و واژه‌های بخش نخست و بخش میانی، هم ویژگی‌های خود را به کمال می‌رساند و

همسان‌پنداری خواننده را عمیق‌تر می‌کند و هم دو ویژگی بارز دیگر را شکل می‌دهد. نخست این که خاستگاه اجتماعی من راوی را به تمامی نشان می‌دهد و موقعیت سیاسی اجتماعی نویسانده‌ی متن را یا زمان آفرینش و تولید متن را شکل می‌دهد، دوم این که با بازگشت‌های من راوی به بخش‌های آغازین و میانی، ساختار هرمی شعر را تو در تو می‌گرداند. چنان که ترسیم هرم آن، ناگزیر سه هرم تو در تو را ایجاب می‌کند.

هرم بخش آغازین، رأسی واژگون دارد، هرم بخش میانی که بزرگ‌تر هم است، بر قاعده‌ی خود، خاستگاه اجتماعی من راوی ایستاده است و هرم بخش پایانی که خود تشکیل شده است از هرم‌های کوچک تو در تو، نهایت هرم چهارم را تشکیل می‌دهند و هرم نخست و دوم را محاط در خود می‌کنند. در شکل‌گیری این هرم چهارم است که نقش و حضور نویسانده‌ی متن، فروغ فرخزاد دیده می‌شود و من او، من راوی، من زنان، من تمام انسان‌های آگاه دوران او، به ویژه من شاعران و نویسندگان می‌شود:

"نگاه کن که در این جا
چه گونه جان آن کسی که با کلام سخن گفت
و با نگاه نواخت
و با نوازش از رمیدن آرامید
به نیروهای توهم
مصلوب گشته است
و جان پنج شاخه‌ی انگشت‌های تو
که مثل پنج حرف حقیقت بودند
چه گونه روی گونه‌ی او مانده است
سکوت چیست، چیست، چیست ای یگانه‌ترین یار؟"

تأویل و شناخت **ایمان بیاوریم به آغاز فصل سرد** یکی از بلندترین و آخرین شعرهای فروغ فرخزاد با خوانش بخش آخر آن به پایان می‌رسد،

بدون این که باز هم به راستی تأویل و شناخت آن کامل شده باشد. شعرهای فروغ، به ویژه **ایمان بیاوریم به ...** از چنان سادگی ظاهری و ژرفای پیچیده‌ای برخوردار است که بی‌گمان با هر بار خواندن، دست کم در دوره‌های متفاوت، می‌تواند سرچشمه‌ی جوشش بسیاری از تصویرهای شعری باشد و ساختار شکیل آن نمونه‌ی کامل دست یافتن به شعری شکیل و ماندگار.

امید که دیگران، هر کس به سهم خود، در شناساندن ژرفای شعرهای فروغ فرخ‌زاد تلاش شایسته‌ای بکنند و نشان بدهند که شناخت عمیق شعرهای دوره‌ی آخر زندگی او چه کمکی به شعر امروز و آینده می‌کند. چرا که شناخت شعر خوب، به ویژه آگاهی از چند و چون آن، یعنی چه گونگی ساختار هر اثر، خود به‌ترین معلم و آموزش برای فروغ بوده است.

شعر **ایمان بیاوریم به آغاز فصل سرد** نشان می‌دهد چه گونه فروغ فرخ‌زاد از شناخت شعرهای ت. س. الیوت، به ویژه از **سرزمین هرز** آموخته است بدون این که اجازه بدهد کوچک‌ترین تأثیر مستقیمی در اثرش داشته باشد.

سرزمین هرز روایت واگویی من روای، پیرزنی است که از فرارسیدن بهار و از دست دادن آرامش زمستانی ناخشنود است و در گردش ذهنی خود، تاریخ حیات خود را بازگو می‌کند. **ایمان بیاوریم به آغاز فصل سرد** روایت واگویی زنی است ناراضی در عبور از "*فصل سرد*" که هم تاریخ حیات او را در برمی‌گیرد و هم تاریخ آفرینش را. از این نظر به گمان من همین شناخت، فراتر رفتن فروغ از حیطه‌ی زمان و مکان **سرزمین هرز** و بدون تقلید از آن است که **ایمان بیاوریم به آغاز فصل سرد** را از نظر مضمون و اندیشه، بسیار غنی‌تر و قوی‌تر از بسیاری از شعرهای بلند شاعران ایران نشان می‌دهد.

کاش فروغ چندگونگی زبان را هم آموخته یا به کار برده بود و به نقش چند صدایی زبان توجه بیش‌تری می‌کرد.[۴]

استاوانگر، سپتامبر ۲۰۰۷- شهریور ۱۳۸۶

پیوست‌ها

ساختار هرمی

عنصرهای ساختار هرمی

افسانه‌ها و باورهای عام از سویی و باستان‌شناسی و باورهای خاص از سوی دیگر ساختار هرم‌ها را از کیفیت یا قابلیت ویژه‌ای هم‌چون جاودانگی بخشیدن به"چیز"ها برخوردار کرده است. چنان که جسدهای مومیایی شده و شئی‌های کشف شده در زیر هرم‌های مصر هم چنان یکی از جذاب‌ترین و بحث‌انگیزترین کشف‌های باستان‌شناسان به شمار می‌رود. این مهم ذهن من را با شناختم از ساختار اثرهای برجسته‌ی ادبیات جهان، به ویژه ادبیات ممتاز ایران تا مدت‌ها مشغول کرد. هر بار با خواندن اثری، به ویژه شعر و داستان و تجزیه‌ی آن به عنصرهای سازنده و تجسم ترسیمی مجموعه‌ی آن عنصرها، بیش‌تر به این شناخت رسیدم که تعدادی از شعرها و داستان‌ها و نمایش‌نامه‌ها از آن رو ماندگار شده‌اند که عنصرهای بنیادی آن‌ها، یعنی زبان، مضمون و اندیشه‌ی آن‌ها، در تار و پودی از ساختار هرمی جای گرفته‌اند.

پس از این پژوهش و آگاهی بر آن شدم که تعریفی از درون این نوع شعر و داستان و نمایش‌نامه به دست بیاورم و در صورت امکان آن را با خوانندگان در میان بگذارم. تفکیک عنصرهای شعرها و داستان‌ها و نمایش‌نامه‌هایی که به نظرم اثرهای برجسته و ماندگاری می‌آمدند و کم و بیش از جانب صاحب‌نظران و گاه عموم خوانندگان جدی پذیرفته شده بود، من را به

وجه‌های مشترکی میان این اثرها رساند. به این دریافت رسیدم که در متن‌هایی که به راستی از هر نظر شعر و داستان و رمان و نمایش‌نامه نامیده می‌شوند و زیر پوشش تمام تعریف‌های شایسته‌ی همه‌ی آفرینش‌های کلامی از جانب منتقدان و نظریه‌پردازان قرار می‌گیرند، سه اصل یا سه وجه بسیار حایز اهمیت وجود دارد:

گونه‌ی زبان، گونه‌ی مضمون، گونه‌ی اندیشه

منظور از گونه‌ی زبان، گونه‌ی مضمون و گونه‌ی اندیشه، چه گونگی به کار گرفتن زبان، مضمون و اندیشه در متن است. این که چه گونه زبانی می‌تواند در گرو مضمون و اندیشه‌ی متنش باشد؟ چه گونه مضمونی می‌تواند تنیده شده‌ی زبان متن و اندیشه‌ی آن باشد؟ چه گونه اندیشه‌ای می‌تواند برآمده‌ی زبان و مضمون متنش باشد؟ با دریافت این چه گونگی‌ها در چند متن از چهره‌های شاخص ادبیات و برابری آن با متن‌های دیگری، به تعریفِ تا حدودی مشترک از گونه‌های ادبیات آفرینشی راه یافتم.

مرادم از گونه‌های ادبیات آفرینشی، شعر و داستان و رمان و نمایش‌نامه در سبک‌های گوناگون است. هستی‌شناسی هر اثر در هر سبک یا هر دوره‌ای راه گذر خود را از دست‌یافتن به همین ساختار هرمی یافته است. هر شاعر و نویسنده‌ای که توانسته است عنصرهای اثر خود را از طریق سه وجه توأمان زبان و مضمون و اندیشه از عین به ذهن برساند، آفرینشی ماندگار و همیشه خواندنی برجای گذاشته است. همین گونه اثرها هم هستند که تعریف‌های بنیادی ادبیات را در دوره‌های مختلف پرورانده‌اند. سرچشمه‌ی تعریف من نیز از ساختار هرمی در ادبیات از همین نوع ادبیات و تعریف‌های آن‌ها گرفته شده است. بدیهی است نه من و نه دیگری امکان مطالعه‌ی تمام ادبیات جهان را ندارد. اما به جرئت می‌توانم بگویم تمام ادبیات مطرح گذشته و حال ایران را مطالعه کرده‌ام و بر اثرهای برجسته‌ی جهان اشراف نسبی دارم. از این‌رو برای این تعریف هیچ

دوره و زمانه‌ای را در نظر نداشتم. چرا که – همان طور که در کتاب **جست و جوی خرد ایرانی- از پیش از زرتشت تا بعد از باب"** اشاره کرده‌ام – نمی‌توان ضعف‌ها و قدرت‌ها یا نقص‌ها و حسن‌های ادبیات امروز را از ادبیات گذشته جدا کرد. ادبیات ایران، چنان که ادبیات هر سرزمینی، نخست حلقه‌های به هم پیوسته به یک‌دیگرهستند و بعد گستره‌ی به هم وابسته در فرهنگ خود و جهان.

پس بر مبنای این باور برای سهولت درک و تجسم ساختار هر متن، می‌توان آن را با ساختار یکی از شکل‌های هندسی ارزشیابی کرد. زمانی که متنی از نظر ساختار در حوزه‌ی شکل‌های هندسی مسطح است مانند خط، منحنی، مثلث، دایره، مربع و شکل‌های دیگر، از ارزش‌های ادبیات آفرینشی یگانه، به ویژه ادبیات ماندگار دور است. (بدیهی است منظور از ادبیات ماندگار ادبیاتی است که در هر زمان و هر مکان خوانده می‌شود و نه ادبیاتی که تنها کتاب‌خانه‌ها را پر می‌کند.) و در قلمروهای دیگری جای می‌گیرد. مانند اثرهای فلسفی، پژوهشی، تحلیلی، تاریخی، گزارشی، خبری و ده‌ها نوع دیگر. اما زمانی که متنی هماهنگ با یکی از حجم‌های هندسی باشد مانند منشورها و مخروط‌ها و هرم‌ها، آن متن جدا از ارزش‌های کیفی‌اش در قلمرو ادبیات و متن آفرینشی جای می‌گیرد. مانند شعر، داستان، رمان و نمایش‌نامه که هر کدام با زبان و مضمون و اندیشه‌ی خود گونه‌های گوناگونی دارند و در مکتب‌های گوناگونی شناخته می‌شوند.

با این آگاهی شاخص‌ترین گونه‌ی ادبیات آفرینشی، هرم چند وجهی احساس و شعور و اندیشه‌ی انسانی است که تلاش می‌کند آفرینش خود را در ساختاری شکیل و ماندنی ثبت کند.

بدیهی است که متن‌ها در حجم‌های دیگری هم ساختار شکیلی خواهند داشت، اما آن چه به ساختار شعر و داستان هرمی و تا حدودی مخروطی ارزش ویژه‌ای می‌دهد، رأس آن است. عنصرهای گوناگون ساختار هرمی

شعر داستان و رمان و نمایش‌نامه، در توازن، تقارن، تقابل و تداخل خود به یک نقطه‌ی اوج یا شکوفایی می‌رسند که قابل قیاس با رأس هرم است و از همین رو من به‌ترین گونه‌ی ادبیات آفرینشی را متن‌هایی می‌دانم که ساختارهای هرمی دارند. در صورتی که در گونه‌های دیگر متن‌ها، این اتفاق نمی‌افتد. خواننده تنها با تقارن و توازی در متن رو به رو می‌شود. در شکل‌های هندسی ساده تنها دو وجه با یک‌دیگر تداخل دارند و همین امر همیشه یک وجه را از وجه‌های دیگر جدا می‌کند و حاصل برخورد تمام وجه‌ها با یک‌دیگر ناممکن می‌شود. قابلیت وجود حجم و رسیدن به مجموع کنش‌هایی که از یک متن آفرینشی انتظار می‌رود، تنها در ساختار یک شکل هرمی ممکن است.

پس بر مبنای این تعریف که هنوز تعریف ناگشوده‌ای است از شعر و داستان ماندگار می‌توان گفت:

هر اثر آفرینشی لاجرم تشکیل شده است از چند عنصر بنیادی که قابلیت تشکیل یک هرم را داشته باشند.

به نظر می‌رسد تلاش برای رسیدن به یک تعریف کامل شعر و داستان، لحظه به لحظه پرسش‌انگیزتر می‌شود. چرا که با افزودن هر صفت یا قیدی برای رسیدن به تعریف آن، پرسش‌های دیگری به وجود می‌آید. ضرورت تأویل و نه معنای هر واژه بیش‌تر می‌شود. از این رو برای این که مفهوم تعریف خود را از ساختار هرمی ادبیات روشن‌تر بیان کنم، به نظر می‌رسد گریزی جز بازگشت به جمله‌ی نخست و گشایش واژه به واژه‌ی آن نیست. به این معنا که منظور از ساختار هرمی شعر و داستان و رمان و نمایش‌نامه چیست؟

همه‌ی ما تصور مشخصی از هرم داریم. تعریف آن را هم در کلاس‌های هندسه خوانده‌ایم. یحتمل خاطره‌ای هم از هرم‌های ثلاثه داریم. بنابراین از تعریف خود هرم می‌گذرم و فقط اشاره می‌کنم که ساختار هرم‌ها بر مبنای

قاعده، بعدهای آن و ارتفاع وجه‌ها ظرفیت‌های گوناگونی دارند. درست به همان گونه که ساختار شعرها و داستان‌ها و نمایش‌نامه‌ها دارای این ویژگی‌ها هستند. هرچه خاستگاه شعر و داستان و رمان و نمایش‌نامه بر مبنای محتوای گسترده‌تر و قوی‌تری استوار شده باشد، ناگزیر بلندی بیش‌تری را می‌طلبد.

نمی‌توان با احساس و شعور و اندیشه‌ی واحد یا اندیشه‌ی تک‌خو و مضمون بی‌مایه و زبان یک صدایی شعر بلند موفق آفرید یا رمان ساخت و نمایش‌نامه‌ی چند پرده‌ای نوشت. هم چنان که نمی‌توان متن کوتاهی را با مضمون‌ها و زبان‌های متعددی شعر جذاب، داستان خوب یا نمایش‌نامه‌ی موفقی نامید.

در شکل نخست، متن، هر چند هم اندیشه و زبان و مضمون یا ویژگی‌های لازم یک شکل هندسی را داشته باشد، باز کیفیت هرمی خود را از دست می‌دهد و شکل ساخته شده ارزش وجه‌های خود را گم می‌کند.[۱]

در شکل دوم نیز متن کیفیت شعری، داستانی یا نمایشی‌اش را از دست می‌دهد. به زبان دیگر نمی‌توان در تجزیه و تأویل یک شعر کوتاه یا یک داستان کوتاه به دریافت‌های بزرگ تاریخی اجتماعی رسید و نمی‌توان پذیرفت که یک شعر بلند یا یک رمان، همان پاسخی را به خواننده می‌دهد که شعر کوتاه و داستان کوتاه. اگر شعرهای بلند، رمان‌ها و نمایش‌نامه‌هایی در تاریخ ادبیات ماندگار شده‌اند و قابل خواندن در هر دوره هستند، از این‌رو است که تجزیه و تحلیل آن‌ها علاوه بر ویژگی‌های آفرینشی و چند صدایی بودن، نمودار مشخصی از دوران سرایش خود و تاریخ بشری را نشان می‌دهند. چرا که اغلب این شعرهای بلند، رمان‌ها و نمایش‌نامه‌ها بیش‌تر تشکیل شده‌اند از عنصرهای گوناگون مسئلخ‌های انسانی، که سرآمد آن‌ها عشق به هم نوع است، از مسئله‌های گوناگون اجتماعی که در آن وضعیت انسان‌ها از همه مهم‌تر است، از واقعیت‌های سیاسی که نگرش آزادی‌خواهی در آن‌ها بیش‌تر متبلور است و از مسئله‌های دیگری چون فرهنگ، تاریخ و ...به شکل جزء یا

کل. در صورتی که شعر کوتاه یا داستان کوتاه یا نمایش‌نامه‌ی کوتاه با حفظ ویژگی ساختار خود بیش‌تر به یکی از این موضوع‌ها می‌پردازد.

حال ناگزیر از شناسایی این هرم در شکل‌های مختلف هندسی هستم. از آن جا که می‌دانیم بنیاد هرم‌ها را ضلع‌های متقارن، نامتقارن، متقابل، نامتقابل و متداخل با یک‌دیگر می‌سازند، نخستین آگاهی ما از شعر و داستان و نمایش‌نامه، به این اصل باز می‌گردد که نمی‌توان متنی را بدون این ویژگی‌ها خواند و از آن متن انتظار کنش‌های شعری، داستانی، نمایشی یا کنش‌های آفرینشی ماندگار داشت. هر متنی که در درون خود نتواند تقابل، تداخل و ... و ویژگی‌های کنش و واکنش "من"های² خود را نشان بدهد، نتوانسته است به قابلیت‌های ادبیات ماندگار برسد. همان طور که با دایره نمی‌توان هرم ساخت و چنین قاعده یا پایه‌ای ناگزیر حجم‌های دیگری مانند مخروط و منشور را می‌سازند که ارزش‌های ویژه‌ی خود را دارند، با محتوایی از این دست، با عنصرهای بدون تقابل و تداخل و توازن نمی‌توان به متنی رسید که قابلیت‌های اثر آفرینشی ممتاز هرم را داشته باشد.

متنی که برخوردار از شگردهای ساختار هرمی، وجود زبان امکان به عنوان عنصر نشانه، وجود مضمون سایه به عنوان عنصر حضور و وجود اندیشه‌ی بی‌سایه به عنوان عنصر هستی باشد، شباهت غریبی به متن‌های کهن پیدا می‌کند. متن‌هایی که اغلب خواننده‌ی امروز واقعیت تاریخی اجتماعی بیش‌تر آن‌ها را انکار می‌کند. ناآگاهانه چون متن‌هایی افسانه‌ای و عنصرهای استوره‌ای باور ذهنی - عینی آن‌ها را باور عینی - ذهنی می‌کند و بعد می‌پذیردشان. در صورتی که اگر اندکی درنگ روی هر متن باشد و آن با آگاهی و دانش‌های داده شده‌ی تاریخی در باره‌ی چه گونگی پویایی متن‌ها خوانده شود، به راحتی می‌توان پذیرفت که یک متن ممکن است چنان خود را به نویسنده‌اش نویسانده باشد که پذیرش آن فراواقعی به نظر بیاید. بسیاری از متن‌هایی که بار آیینی یافته‌اند و در نظر عام کلام قدسی نامیده می‌شوند،

برخوردار از یکی یا همه‌ی ویژگی‌های ساختار هرمی یک متن هستند. چنان که زبان امکان و مضمون سایه‌ای در بیش‌تر این نوع متن‌ها درخشش ویژه‌ای دارد و گاه که اندیشه نیز در آن‌ها بی‌سایه می‌شود، دیگر بیش از آن که یک متن "آیینی" یا "قدسی" باشد، یک متن ادبی است که بخشی از کارکرد خود را در زیر پوشش‌های دینی از دست داده است. از نمونه‌های آشکار این گونه متن‌های قدسی می‌توان به **غزل غزل‌های سلیمان** اشاره کرد یا به بعضی از **لبریخته‌های** عارفان ایرانی، چون بایزید بسطامی[۳].

زمانی که مخاطبی موفق به شنیدن سرودهای آیینی می‌شود، سرودهایی که ترجمه نشده‌اند و هنوز با همان زبان نخستین قرائت یا خوانده می‌شوند، به حالت ویژه‌ای دست می‌یابد. بدیهی است این حالت ویژه در مورد مؤمنان به آن متن با شنوندگان معمولی و تنها کنجکاو متفاوت است. اما در این تفاوت یک وجه اشتراک قوی وجود دارد و آن متأثر شدن یک سان شنوندگان از زبان آن سرودها یا آن متن‌ها است. چرا که بسیاری از سرودهای بازمانده‌ی تاریخی و تداوم آن‌ها در میان معتقدان به آن‌ها به دلیل زبان امکان آن متن‌ها است. یعنی آن ویژگی که در اثر ترجمه یا به کلی از دست می‌رود یا در صورت موفقیت از زبان امکان دوم بهره‌مند می‌شود. یعنی متن در حین ترجمه، خود را دوباره به مترجم نویسانده است. اتفاقی که به طور معمول به آن بازآفرینی گفته می‌شود و احمد شاملو بارها کوشیده است تا به این شگرد نایل شود.

هدفم از اشاره به این بحث، رسیدن به این دریافت است که چه گونه یک متن بدون رسیدن به انسجام و تشکل سه وجه زبانی، مضمونی و اندیشگی‌اش از ادبیت دور می‌افتد یا چه گونه ممکن است خواننده یا مخاطب متنی، با دریافت یکی از وجه‌های قدرتمند متنی، به شدت از آن متأثر شود و ناآگاهانه یا به ناگزیر آن را شعر بخواند.

از ویژگی‌های متن‌های کهن، حفظ در صد بسیاری از مضمون سایه‌ای آن در ترجمه است. از همین رو نیز خواننده بیش از آن که با زبان این نوع متن‌ها ارتباط

ژرف بیابد، با مضمون‌ها یا عنصرهای درون مضمون رابطه برقرار می‌کند و آن را به عنوان یک واقعیت متنی یا اسطوره‌ای و نه یک واقعیت عینی به حافظه می‌سپارد. چرا که مضمون چنین متن‌هایی سایه‌ای می‌شوند؛ هیچ چارچوب و مشخصه‌های شناخته شده‌ای از آن‌ها در متن‌ها موجود نیست که وابسته به زمان تاریخی ویژه‌اشان بگرداند. برخی از عنصرهای متن‌های قدسی مضمون‌هایی می‌شوند وابسته به متن و سیال در زمان و مکان؛ هر زمان و در هر جا مخاطبی داشته باشند، قابل درک و تأثیر گزارند. امروز خواننده به متن‌هایی از این گونه دسترسی دارد و به راحتی می‌تواند به آن‌ها مراجعه کند و با شناخت از وجه‌های گوناگون آن‌ها و مقایسه‌اشان با متن‌های معاصر –متن‌هایی که ساختار هرمی دارند- به این آگاهی دست یابد که یکی از رازهای ماندگاری متن‌های کهن، ساختار هرمی آن‌ها است. یعنی زبان و مضمون و اندیشه در این نوع متن‌ها چنان وابسته به هم و کامل کننده‌ی هم هستند و به ساختار هرمی رسیده‌اند که پویا و ماندگار شده‌اند.

همان طور که در خوانش یکی از شعرهای یداله رویایی، منوچهر آتشی و ... در فصل **تأویل و شناخت**"[۴] اگر اندیشه‌ی متن‌هایی چون **ریگ ودا**، **سرودهای پنج‌گانه‌ی گاهان**، **گیلگمش**، بخش‌هایی از **عهد عتیق**، چون **زبور مانوی** و **غزل غزل‌های سلیمان**، سوره‌های کوتاه آخر **قرآن** یا ده‌ها متن دیگر سومری، ایلامی، کلدانی، آرامی، پهلوی و ... یک‌سویه و یک‌سان یا تک‌خو نبودند، می‌شد بسیاری از آن‌ها را شعرهایی با ساختار هرمی نامید. چنان که هنوز هم با وجود ترجمه، پاره‌هایی از **سرودهای پنج‌گانه‌ی گاهان**، **کتاب ایوب**، به ویژه **غزل غزل‌های سلیمان** و **مکاشفه‌ی یوحنا** و **زبور مانی** از این ویژگی برخوردارند و به همین دلیل هم بخشی از ادبیاتند، شعر نامیده می‌شوند.

چه تفاوتی میان یک متن به اصطلاح "قدسی" با متن‌های فردوسی، نظامی گنجوی، حافظ، نیما، هدایت، شاملو، فرخ‌زاد، آتشی و ... که در فصل‌هایی از کتاب **هستی‌شناسی شعر فارسی** خوانده و تأویل می‌شوند، وجود دارد، مگر

تک‌خو بودن آن‌ها؟ بی‌گمان آن چه که این متن‌ها را خواندنی‌تر و نزدیک‌تر به خواننده می‌کند، تنها زبان و مضمون آن‌ها نیست. چرا که زبان و مضمون آن‌ها همان قدر بی‌زمان و بی‌مکان است که زبان و مضمون متن‌های آیینی یا قدسی. آن چه امروز به راحتی برخی از متن‌های کهن را قابل پذیرش و خواندنی می‌کند اندیشه‌ی بی‌سایه‌ی آن‌ها است. اندیشه‌ای که تنها هستی خود را در متن می‌نماید و ضرورت یا التزام به بیان آن را. درست همان‌گونه که شعرهای یاد شده در کتاب **هستی‌شناسی شعر فارسی** دارای این ویژگی هستند. همه‌ی آن‌ها التزام به بیان اندیشه‌ای دارند که در ارتباط با هستی آدمی هستند، اما قانون‌مند و بسته نیستند. در زمان و مکان و ضرورت تعالیِ حیات اجتماعی انسان شناورند.

آن چه متن‌های یونانی پیش از میلاد مسیح را، به ویژه نمایش‌نامه‌هایی چون **ادیپ شهریار**، **آنتیگونه** از سوفکلس، **مدآ**، **هکاب**، از اورپیید، **پرومته** از آشیل و مانند این‌ها را امروز هم خواندنی، قابل درک و پذیرفتنی می‌کند، همین قابلیت یا کیفیت ساختار هرمی آن‌ها است. آن چه در بطن این متن‌ها اتفاق می‌افتد هیچ چیز بیرون از زمان و مکان دوره‌ی به وجود آمدن‌ها آن‌ها نیست. آن‌ها همان قدر وابسته به زمان و مکان خود هستند که هر اثر آفرینشی یا ناآفرینشی. اما آن چه آن‌ها را فراتر از زمان و مکان خود برده و پویا تا امروز و به یقین تا فردا کرده، همین قابلیت ساختار هرمی آن‌ها است که در **هستی‌شناسی نمایش‌نامه‌های فارسی** به تفصیل در باره‌ی آن توضیح خواهم داد. اشاره به آن در این جا بیش‌تر از این رو است که بسیاری از آن‌ها هم به زبان نظم (شکلی از زبان شعر) نوشته شده‌اند و هم این که از زبان امکان، مضمون سایه و اندیشه‌ی بی‌سایه بهره‌مندند. چنان که **آنتیگونه** یا **مده‌آ** یا **پرومته**، با همه‌ی ویژگی‌های شخصیتی‌اشان، شخصیت‌هایی محدود و بسته نیستند. هر سه تجلیِ تلاش و مبارزه‌ی آدم‌هایی هستند متعهد برای دست یافتن به وضعیت‌های متعالی‌تر انسان. آرمان آن‌ها یا اندیشه‌ی در متن، بی‌سایه است.

آرمان آن‌ها دست یافتن به آرمان‌شهر یا به روایت نظامی گنجوی "نیکان شهر"ی است که هیچ مشخصه‌ای برای آن رسم نشده است مگر کلیت حقوق و آزادی‌های بشری، هم فردی و هم جمعی. یعنی آن چه هر اثر ادبی یا هر شعری تلاش در بیان یک بخش یا کل آن را دارد.

پیش از این بارها نظریه‌پردازان، به ویژه در مورد شعر تصویرگرا که با ازرا پاند اعتبار ویژه‌ای یافت، اشاره کرده‌اند که یک متن شعری اثری است تصویری. دریافت این تصویرگرایی نیز از شعر هایکو قدرت گرفت که هم او، ازرا پاند، آشنایی عمیقی با آن داشت. این معنا، شعر به مثابه‌ی تصویر که در شعر هایکو وجود دارد و بعدها در شعر تصویرگرایان اروپا و آمریکا اوج گرفت، از نظر شکل تصویری یا عنصرهای تصویری و نه زبان امکان، سابقه‌ی دیرینه‌ای در شعر فارسی دارد.

شعر هایکو جدا از این که دارای وزن‌های ویژه‌ی خود است و هر هایکو باید تشکیل شده باشد از سه سطر که هر کدام به ترتیب پنج هجایی، هفت هجایی و پنج‌هجایی است یا در نهایت مجموعه‌ی واژه‌هایی است با هفده هجا که در آن نشانه‌های ثابت چهار فصل و سالگرد وجود دارد، ساختارشان از تصویرهای کوتاه، موجز و عینی شکل می‌گیرد. یعنی همان اتفاقی در شعر هایکو می‌افتد که گاه در تک سطرهای غزل‌ها، دو بیتی‌ها، ترانه‌ها (رباعی) و چهارپاره‌ها که از نظر اندازه و تعداد هجاها کم و بیش هم‌سان در تکرار هایکوهای ژاپنی است. خواننده در شعر هایکو با تصویر بی‌واسطه رو به رو است. یعنی نشانی از من راوی یا من مخاطب در آن به ندرت دیده می‌شود. در صورتی که در متن‌های فارسی تصویرها بیش‌تر با واسطه‌ی من راوی حضور می‌یابند که اغلب هم حضور من راوی و من مخاطب بر متن سنگینی می‌کنند و تصویر را از حلاوت و طراوت می‌اندازند:

"محمل لیلی از این بادیه گرد گذشت
هم‌چنان گردن آهو به تماشا ست بلند" [5]

به بیان دیگر، گرفتاری خرد شعر فارسی به دلیل وجود پوشال‌ها در تار و پود است. گرفتاری در روایت از سویی و اسیر وزن بودن از سوی دیگر، تصویرهای غنی شعر شاعران فارسی و در نتیجه ضربه‌ی آن را گم کرده است.

"آن صحن چمن که از دم دی
گفتی دم گرگ یا پلنگ ست
اکنون زبهار مانوی طبع
پر نقش و نگار هم‌چو رنگ ست
بر کشتی عمر تکیه کم کن
کین نیل نشیمن نهنگ ست" [۶]

"پوپک دیدم به حوالی سرخس
بانگک بر برده با بر اندرا
چادرکی دیدم رنگین بر و
رنگ بسی گونه بر آن چادرا
ای پرغونه و باژگونه جهان
مانده من از تو به‌شگفت اندارا" [۷]

"نه زورقی و نه سیلی، نه سایه‌ی ابری
تهی ست آینه مرداب انزوای مرا
خوش آن که سر رسدم روز و سرد مهر سپهر
شبی او گرم به شیون کند سرای مرا" [۸]

اما آن چه حایز اهمیت در این بحث است تنها این تصویرهای غنی یا حتا این روانی زبان روایت یا وزن‌های عروضی نیست. ترکیب تفکیک‌ناپذیر زبان

و مضمون و اندیشه است. آن هم زبانی وابسته به متن، چنان که واژه، فرهنگ
آن متن را در خود بگنجاند. یعنی واژه نشانه‌ای بشود با معنایی جدید که
شناخت آن معنا بازگشت به متن را ضروری کند. مضمون سایه‌ای بشود وابسته
به متن. یعنی وجود بیرونی‌اش را از دست بدهد. مابه‌ازایش مابه‌ازای متن باشد.
واقعیتی متنی گردد که تداعی واقعیتی از گذشته یا واقعیتی در آینده از آن به
دست بیاید. یعنی که چرایی وجود در آن متن، نبود آن در لحظه‌ی اکنونی
متن، لحظه‌ای که متن نویسانده شده است یا به خواننده خوانده شده است،
مطرح است. غبن از دست دادن آن یا نیاز رسیدن به آن طرح شده باشد. چرا
که آن چه که هست، هست. خواننده نیازی به روایت واقعیتی که بر او هست
و او بر آن واقف است، در متنی ندارد. هیچ واژه‌ای نیست که بتواند با عین
واقعیت همتایی کند. همیشه و در همه جا احساس ادراک آدمی از دیدن،
شنیدن، بوییدن، لمسیدن، چشیدن بیش‌تر از روایت این حس‌ها بوده است و
خواهد بود. آن چه یک متن را خواندنی و در ارتباط جدید با ادراک‌های
آدمی قرار می‌دهد، تنها باز دیدن، باز شنیدن، باز بوییدن، باز لمسیدن، باز
چشیدن نیست. دیدن نادیدنی‌ها، شنیدن ناشنیدنی‌ها، بوییدن نابوییدنی‌ها،
لمسیدن نالمسیدنی‌ها، چشیدن ناچشیدنی‌ها است. یعنی آن چه که تنها در
توانایی و ساحت ادبیات و هنر امکان عرصه دارد. اگر التزامی برای آفرینشگر،
بیرون از التزامی که هر اثر به او می‌دهد وجود داشته باشد، به یقین نخستین
آن، دریافت این حقیقت است که او متعهد است به مخاطب خود واقعیتی
نابود شده یا ناآمده را بدهد.

عنصرهای ساختار هرمی شعر

یک شعر ساده، از سه وجود یا سه عنصر مکمل هم، در گذر از احساس و شعور من راوی، من مخاطب و من سوم[1] ساخته شده است:

زبان به عنوان وجود امکان یا عنصر نشانه، مضمون به عنوان وجود سایه یا عنصر حضور، اندیشه به عنوان وجود بی‌سایه یا عنصر هستی.

چه گونگی وجود زبان، احساس من‌ها، چه گونگی وجود مضمون، شعور من‌ها و چه گونگی وجود اندیشه، چرایی من‌ها را در یک متن یا شعر می‌سازد.

زبان: وجود امکان یا عنصر نشانه

منظور از زبان به عنوان وجود امکان یا عنصر نشانه، چه گونگی استفاده‌ی از زبان و کنار هم قرار دادن نشانه‌ها است و نه زبان فقط به عنوان وسیله. در این معنا زبان دیگر فقط وسیله‌ای برای رسیدن به هدفی از پیش تعیین شده یا نشانه‌ای بیرون از متن نیست. نشانه‌ی از پیش تعیین شده یا نشانه‌ی بیرونی در مرحله‌ی بعد از دریافت شعر یا متن شعری دیده یا مطرح می‌شود. زبان در چنین متنی پیش از آن که در خدمت معنای نشانه یا هدف از پیش تعیین شده و بیرونی باشد، در خدمت خود زبان است. هم وسیله‌ای است در خدمت امکان خود یا هدف درونی متن که با درهم آمیختگی مضمون و اندیشه‌ی متن معین می‌شود و هم وسیله‌ای است در خدمت چرایی انجام متن یا نوشته شدن

آن. به زبان دیگر، زبان در یک متن آفرینشی، به ویژه شعر با اتکا به وسیله بودن، هدف هم هست.[۲]

در این معنا واژه در شعر دیگر همان نشانه‌ی آشنا و قراردادی نیست. واژه‌ی ابر دیگر فقط نشانه‌ی ابری در واقعیت نیست؛ وجود مستقلی است؛ یک امکان زبانی است که وجود یا هست آن در هست متن شکل می‌گیرد. وجود ابر در طبیعت مابه‌ازای نامی است که خواننده آگاهانه یا ناآگاهانه تصوری از آن در ذهن دارد. ابر در شعر فقط آن وجودی را که خواننده به عنوان ابر می‌شناسد نشان نمی‌دهد. کلمه‌ی ابر در شعر ابتدا خود غایت خود است. ابتدا غایت آن ابری است که مراد متن است. بعد ابری است که هم خواننده آن را می‌شناسد و هم از آن حافظه‌ی ویژه یا تاریخی دارد. پس نشانه در شعر آن وجودی است که شعر آن را می‌سازد و عنصری است فراتر از آن چه که در طبیعت یا حافظه‌ی تاریخی خواننده است. نهایت نشانه در یک متن آفرینشی به این معنا است که به تنهایی معنای یک جمله یا مفهوم کاملی را می‌سازد و با توجه به آن (که گونه‌ای آشنازدایی را القا می‌کند)[۳] می‌توان به درک‌های نو و احساس‌های تازه‌ای از شیی‌ها و حادثه‌ها دست یافت.

با توجه به این که نشانه‌ی در متن، دیگر آن نشانه‌ی عینی در واقعیت نیست و خود اکنون یک واقعیت ذهنی است که ممکن است متکی به واقعیت عینی باشد یا به کلی مستقل از آن، زبان در شعر در خوانش نخست خود غایت خود است بدون هیچ مابه‌ازایی. از این رو ممکن است در شعری حتا در مرحله‌ی بعد از خواندن هم نتوان به راحتی مابه‌ازای بیرونی مستقیمی جست و جو کرد و نهایت مابه‌ازای آن، آن گزینش و جای‌گزینی است که خواننده‌ی آن تعیین می‌کند. چنان که برای این شعر حافظ نمی‌توان مابه‌ازای بیرونی مستقیم یافت:

> *"راهی بزن که آهی بر ساز آن توان زد*
> *شعری بخوان که با او رطل گران توان زد."*[۴]
> حافظ

چه مابه‌ازایی می‌توان در طبیعت یا زندگی پیرامونی انسان برای این بیت حافظ که خود شعر کوتاهی است، بدون توسل به حافظه‌ی شعری خواننده جست و جو کرد؟ شعر از کدام "*راهی*"، جز راه خود شعر سخن می‌گوید؟ کدام "*راهی*" جز راه در شعر به من راوی یا به من مخاطب این امکان را می‌دهد که "*آهی بر ساز آن توان زد*"؟ هیچ کدام از عنصرهای این شعر، ارجاع بیرونی یا مابه‌ازای بیرونی مستقیم ندارند و خواننده‌ی حتا آگاه به موسیقی هم گریزی جز بازگشت به متن و جست و جو در متن و درک از من ویژه‌ی شعر یا از من راوی درون شعر ندارد. حتا سطر دوم (مصرع) که به نظر ساده می‌آید و می‌توان تصویر یا حرکت آن را به عین در واقعیت دریافت، با ضمیر "او" خواننده را ناگزیر می‌کند باز به شعر بازگردد؛ بازگشتی که نهایت خواننده را حوالت می‌دهد به خویش؛ به کشف و شناخت خود. به سیر در تمام کهن‌کنش‌های جهان کنونی او و حرکت به سوی خویش؛ رفت و بازگشتی ازلی، ابدی؛ چرخشی که نهایت ندارد و در هر دور کامل حاصل دریافتی نو می‌شود. یعنی هر عینی از طریق جایگاه زبان امکان، ذهنی شده است.

کارکرد "او" در شعر حافظ دو چهره است. شخصیتی دو گانه دارد. حتا اگر خواننده "او" را همان "آن" بپندارد و نتواند "او" را به عنوان من سوم، جایگزین من راوی غایب بکند باز شراب در متن شخصیتی دارد هم‌سان و هم‌وزن او که عنصری ذهنی است و در این موقعیت باز همان من سوم یا من راوی غایب می‌شود.

زبان در این شعر به کمک دو عنصر آشنای ساز و رطل که هم وجه عینی دارند و هم وجه ذهنی، عنصرهای دیگر را هم به ساحت باور می‌کشاند و خواننده را با خود درگیر می‌کند. وجه عینی ساز، شنیدن نوایی، هم زمان با تجسم یکی از ابزارهای موسیقیایی، در حافظه‌ی خواننده می‌نشیند و کنش ویژه‌ای را ایجاب می‌کند؛ کنشی که متأثر از واکنش خواننده از کنش شعر و کنش موسیقایی ساز است و هیچ شناخت یا چارچوب خاصی نمی‌توان برای آن

متصور شد. اما از آن جا که واژه‌ی ساز دیگر فقط نشانه‌ای در شعر است، وجه ذهنی آن چیزی است که خواننده، با توجه به موقعیت خود درمی‌یابد. از این رو این بار بیش از این که متن کنشی روی خواننده داشته باشد، کنش خواننده نقش اصلی متن را ایجاد می‌کند.

ناگفته روشن است که دریافت هر خواننده از ساز با خواننده‌ی دیگر متفاوت است. حتا زمانی که دو خواننده تجسم یک سانی از ساز مورد نظر شعر داشته باشند باز نوایی که آن دو می‌شنوند و تأثیری که آن نوا در آن‌ها می‌گذارد یک سان نخواهد بود. از این رو نمی‌توان از این شعر تجسم هم‌سان با متنی ارائه داد که در آن نویسنده از امکان زبان، از بکاربردن زبان در خدمت زبان بهره نجسته است. در متنی ناشعری بی‌گمان خواننده با همین مضمون به شکلی دیگر، شکلی که دیگر در آن مضمون سایه و اندیشه بی‌سایه نیست و عین واقعیت است، رو به رو می‌شود. شاید به جای "*راهی*" بخواند "*دستگاهی*" یا "*سازی*" و به همین‌ترتیب به جای هر نشانه‌ای در شعر، واژه‌ای. در صورتی که روشن است که در این شعر دیگر "*راهی*" و واژه‌های دیگر، از مفهوم نخستین خود گذشته‌اند و هر کدام نشانه‌ی شئی‌ای، حالتی شده‌اند که پیش از این نبوده‌اند. پس:

هر نشانه‌ی زبانی در شعر آبستن عنصری نو است که در هم‌آمیزی با مضمون و اندیشه در متن متولد می‌شود.

می‌توان این شعر حافظ را مقایسه کرد با بیت دیگری از او با همین بار معنایی. بیت زیر در محدوده‌ی زبان خود محصور مانده و نتوانسته است شعر شعرها یا ماندگار بشود و در نتیجه خواننده را به افق‌های ناشناخته حوالت نمی‌دهد:

"مطرب عشق عجب ساز و نوایی دارد
نقش هر نغمه که زد راه به‌جایی دارد" [۵]

حافظ

بدیهی است که مراد از وجود زبان امکان، آواشناسی، معناشناسی، نحوشناسی یا وزن‌های عروضی در شعر نیست. همه‌ی این صنعت‌های زبانی و شعری در ساخت ظاهری و تا حدودی کیفیت شعر نقش دارند و نه در شعر شدن یک متن. چنان که به به‌ترین شکل در بیت "*مطرب عشق عجب ساز و نوایی دارد*" نشسته‌اند، اما نتوانسته‌اند آن را مانند شعر "*ز آفتاب قدح ارتفاع عیش بگیر*" چند معنایی یا تأویل‌پذیر و ماندگار کنند:

"ز آفتاب قدح ارتفاع عیش بگیر
چرا که طالع وقت آن‌چنان نمی‌بینم" [۶]
حافظ

رمز، استعاره، نماد یا آن نشانه در ادبیات که کلیدهای شناخته شده‌ای هستند دست کم برای منتقدان و پژوهشگران، و خواننده را حوالت می‌دهند به واقعیت‌های مشخص بیرونی، همه عنصرهایی هستند در خدمت زبان امکان، اما مراد آن نیستند. زبان امکان به گونه‌ای در یک متن شعری نشانه می‌شود که می‌تواند با مخاطب خود فراتر از همه‌ی این داده‌ها نیز عمل کند. بنابراین اگر در این شعر حافظ تعریف‌های مشخصی از "*آفتاب قدح*" چون خورشید قدح‌سان و امثال آن تا امروز ارائه شده است، بیش‌تر تجزیه‌ای فنی از آن است و مراد زبان امکان یا نشانه، در شعری با ساختار هرمی نیست. به بیان دیگر اگر در تأویل فردی "*آفتاب قدح*" جان آزاد آدمی آمد یا تفسیر دیگری، بدیهی است که این حاصل کنش شعر در او و کنش او در شعر بوده است و ممکن است در مورد دیگری تعبیری به کلی متفاوت داشته باشد.

به بیان دیگر، زبان امکان، زبان وابسته به متن است؛ زبانی است که هر گاه از متنش جدا شود، معنا و مفهوم متنی خود را از دست می‌دهد.

تأویل و شناخت شعر هر شاعر ویژگی‌های زبان امکان را بیش‌تر نشان می‌دهد و خواننده با دریافت از چه گونگی کارکرد زبان امکان در هر متن است که بر آن اشراف کاملی می‌یابد.

مضمون: وجود سایه یا عنصر حضور

وجه دوم شعر را مضمون به عنوان وجود سایه یا عنصر حضور می‌سازد. از این معنا هم مرادم آن مضمونی است که تنها در متن شعر هویت خود را حفظ می‌کند. مضمونی که هویتش وابسته به متن است و اگر با شیوه‌های دیگر بیان ادبی نقل یا روایت شود دیگر همان نخواهد بود. هر موضوع یا حادثه‌ای که در شعری اتفاق می‌افتد با قابلیت‌های همان متن مفهوم و معنای خود را منتقل می‌کند و زمانی که به زبانی دیگر نقل شود، به خودی خود از موقعیت یا شعریت خود دور افتاده است. دیگر مضمون در موقعیت شعری نیست؛ دیگر در متن حضور صوری ندارد؛ وجودی است با بعدهای ویژه.

به بیان دیگر هر مضمونی می‌تواند وارد متن شعر شود و قابلیت‌های آن متن را بگیرد، اما هیچ مضمون شعریت یافته‌ای نمی‌تواند از متن خود بیرون برود و قابلیت‌های شعری خود را حفظ کند. پس مضمون در شعر، آن واقعیت عینی است که ذهنی شده است؛ به صورت سایه درآمده است. مضمون آن سایه‌ای است که هست، حضور دارد اما به خودی خود وجود ندارد. مضمون در شعر هست فقط تا زمانی که در متن شعر موجود است. واقعیت آن نخست مابه‌ازای واقعیت متن یا شعر است. این مضمون یا سایه به این شکل ویژه‌اش در شعر با هیچ زبان دیگری امکان حضور یا پذیرش این چنینی نمی‌یابد. به محض این که مضمون شعر از شعر بیرون آورده می‌شود یا به زبان دیگری جز همان زبان شعر بیان می‌شود، قابلیت‌های ویژه‌ی خود، حضور صوری خود را از دست می‌دهد و دیگر یک عنصر سایه یا عنصر شعری نیست. عینی است که متن از آن خبر می‌دهد.

پس مضمون به عنوان وجود سایه یا عنصر حضور در شعر، شکل آن حادثه‌ی ناممکنی است که تنها در شعر امکان وجود می‌یابد و مخاطب شعر آن را می‌پذیرد. به بیان دیگر آن واقعیت ناممکنی که در واقعیت وجود ندارد و اگر وجود داشته باشد به این شکل به باور درنمی‌یابد، مضمون یا واقعیت متنی می‌شود که خواننده آن را به عنوان شعر و واقعیت حضور ذهنی آن را در شعر به عنوان واقعیت زندگی خود می‌پذیرد:

"دوش دیدم که ملایک در میخانه زدند
گل آدم بسرشتند و به‌پیمانه زدند"[۷].
حافظ

مضمون این بیت حافظ بسیار روشن است. واقعیت ملایک واقعیت سایه است. هست بدون این که باشد. سایه‌ای است بدون عامل سایه. حضور صوری دارد. جسمیت یا عینیت این حضور یا فاعل این سایه یا ملایک آن، فقط متن است. متنی که به کمک دو عنصر شناخته شده‌ی میخانه و پیمانه دو عنصر ملایک و گل آدم، عمل آن‌ها را واقعیت حضور می‌بخشد و به باور درمی‌آورد. در واقع حافظ از واقعیتی عینی یا عامل سایه‌ای سخن می‌گوید که در شعرش واقعیتی ذهنی یا سایه‌ای یافته است و اکنون حضوری ملموس و حتا شکل یا هیئتی آشنا یافته و خواننده هم آن را به عنوان یک حادثه‌ی اتفاق افتاده می‌پذیرد.

بدیهی است که عنصرهایی چون ملایک، گل آدم و حادثه‌هایی چون در میخانه زدن ملایک و سرشتن گل آدم و به پیمانه زدن، نه تنها در هیچ مکان و زمانی امکان وجود و وقوع ندارد که در هیچ متن ناآفرینشی دیگری، آن هم بدون هر نوع مقدمه و مؤخره، قابلیت حضور با این کیفیت نمی‌یابد وبه باور خواننده درنمی‌آید و واقعیتی از واقعیت زندگی او نمی‌شود. در صورتی که می‌دانیم این شعر و شعرهایی از این گونه ورد زبان مردم عامی و روشنفکر

است و گاه به عنوان سند و دلیل و به گونه‌ی ضرب‌المثل درآمده است. کسی هم کوچک‌ترین شکی به واقعیت ذهنی آن ندارد و از خود نمی‌پرسد که چه طور ممکن است چنین عنصرهایی در یک جا، میخانه (مکانی که قابلیت دریافت چنین عنصرها و حادثه‌ای را دارد) جمع شوند و به چنین نتیجه‌ای برسند؟ این همان ویژگی شعر ماندگار است که واقعیت سایه بودن مضمون را در شعر ثبت می‌کند. همان طور که مردم حضور یک واقعیت ملموس اما فراتصوری را ناآگاهانه شعر می‌خوانند.

(زمانی که مردم در برابر بعدهای حقیقت یک زیبایی ناباورانه قرار می‌گیرند، ناتوان از توصیف و دریافت واقع‌گرایانه‌ی آن، آن را شعر می‌خوانند. ناخواسته هستی عینی آن را انکار می‌کنند و به آن هستی ذهنی می‌دهند؛ نادانسته سایه و خیال و گاه سراب می‌انگارندش؛ به آن حضور صوری می‌دهند.)

مضمون کهن و آشنایی را که انوری ابیوردی انتخاب کرده است، در هزاران متن دیگر هم با همین کیفیت و مفهوم می‌توان خواند:

"جرمی ندارم بیش از ین، کز جان وفادارم تو را
ور قصد آزارم کنی، هرگز نیازارم تو را" [۸]

انوری

روشن است که انوری نتوانسته از این مضمون آشنا، مضمون شعری یا سایه بسازد. آن جرم و وفادرای و آزار با همان قابلیت و خاستگاهی در متن نشسته‌اند که در واقعیت یا هر متن ناشعری. در صورتی که شعر سعدی از این ورطه می‌گذرد:

"اهل دانش را، در این گفتار، با ما کار نیست
عاقلان را کی زبان دارد، که ما دیوانه‌ایم؟" [۹]

سعدی

مضمون شعر سعدی هم مضمونی است تکراری و آشنا، اما وابسته به متن. مضمونی است سایه‌ای. هیچ خصلت یا مشخصه‌ای از آن بیرون از متن وجود ندارد. وجودش وابسته به متن است. "*اهل دانش را، ... با ما کار نیست*" یا دیوانگی ما زیانی به عاقلان نمی‌رساند، ممکن است از استقلال بیرون متنی برخوردار باشد، اما متن را با "*در این گفتار*" به کل متن بازمی‌گرداند و به عینتی از واقعیت ذهنیتی متنی می‌دهد. مضمون را سایه‌ای یا وابسته به متن می‌کند. چرا که "*در این گفتار*" نه تنها خود بخشی از متن است که به کل متن هم اشارت دارد. کدام گفتار؟ پرسش متن، پاسخ متن را می‌طلبد.

مضمون گریز از دانایی و رهایی یافتن از قید و بندهای زمانه، در بسیاری از متن‌های منظوم و منثور دیده می‌شود. جدا از این که آیا این مضمون دیوانگی توانسته است از عنصرهای عینی به ذهنیت برسد یا نه، این واقعیت مهم را نشان می‌دهد که به ویژه در کتاب **جست و جوی خرد ایرانی، از پیش از زرتشت تا بعد از باب**[10] به آن اشاره می‌شود و مقابله‌ی شاعران و نویسندگان و روشنفکران هر دوره را با استبداد مطرح می‌کند. مبارزه‌ای که راه گریز از بازداشت و زندانی شدن و مرگ را از راه دیوانگی ممکن می‌گرداند.

"عاشقم من بر فن دیوانگی
سیرم از فرهنگ و از فرزانگی"[11]

مولوی

این سخن جلال‌الدین محمد بلخی، مولوی اگر مستقل از کل متن او و اندیشه‌ی مستتر در آن در نظر گرفته شود، همان "آنی" است که بسیاری از شاعران ناتک‌خو و مستقل در رهایی از استبداد حاکم به آن پناه می‌برند. اما تداوم متن مولوی نشان می‌دهد که او به رغم شناختش از تک‌خویی و استبداد

قدسی قصد رهایی از آن را ندارد. درست قصدی خلافی آن دارد؛ مجذوب و مستحیل در آن است و خود خواستار آن. امری که متن او را از مضمونی با هویت مستقل یا سایه‌ای، اندیشه‌ی رها از قید و بندها یا بی‌سایه و زبانی برای همه‌ی فصل‌ها یا عنصر هستی بازمی‌دارد. حتا هنگامی که می گوید:

"*هر که او آگاه‌تر با جان‌تر است*" که البته منظورش جان آزاد، آن جان آزادی که فردوسی و نیچه از آن می گویند، نیست. او جان آزاد را رها از قید و بندهای زمینی می‌خواهد برای رسیدن به وصال معشوق آسمانی و افتادن در قید و بندهای واهی. چنان که "خیال دوست" و "چاکری و جان‌سپاری" او خاستگاه‌های اجتماعی یا مابه‌ازا بیرونی برای رسیدن به نیکان‌شهر ندارند. در محدوده‌ی ایمان محدود او گرفتارند و در نتیجه عینیت‌هایی‌اند که بار ذهنی و سیال نمی‌یابند. سایه‌ای یا فوار نیستند. تهی از خرد آزادگی و هویت مستقلند.

"کار او دارد که حق را شد مرید
بهر کار او ز هر کاری برید"[۱۲]

مولوی

با توجه به‌این گونه دریافت از مضمون سایه، تعریف جامع آن، در خوانش شعر هر شاعر، جنبه‌های گوناگون و شکل‌های سیال آن به‌تر پیش‌روی خواننده قرار می گیرد. هم چنین در فصل **تأویل و شناخت**، در هستی شناسی شعر هر شاعر، مضمون سایه گوناگونی هویت کمی و کیفی خود را بیش‌تر نشان می‌دهد.

اندیشه: وجود بی‌سایه یا عنصر هستی

اندیشه به عنوان وجود بی‌سایه یا عنصر هستی که سومین وجه شعر است، مانند دو عنصر دیگر، نخست مابه‌ازای خود را در متن می‌جوید. هم منِ در شعر به عنوان یک عنصر درون متنی و هم منِ غایت در شعر، (انسان برون

متنی یا انسایی که غایت و هدف شاعر است)، هستی و وجود بیرونی یا عینی برون از متن ندارند. به بیان دیگر نه انسان در شعر، نه انسانی که شعر به او نویسانده شده است و نه انسانی که متن خطاب به او است (چنان که هیچ متنی بدون مخاطب، چه مخاطب درون متن که ممکن است من راوی یا خود شاعر باشد و چه مخاطب بیرون از متن که باز ممکن است من مخاطب غایب یا خواننده باشد، وجود ندارد.) هیچ کدام در متن عنصر سایه‌دار نیستند. من در شعر انسان بی‌سایه است. انسانی است که در لحظه‌ی آن "آن" آفرینش شعر فقط وجود اندیشه‌ای دارد. خود او نیست، بوده است یا خواهد بود. هستی او در شعر مجازی است و حضور عینی‌اش از فرآیند متن و خواننده حقیقت می‌یابد. او هست بدون وجود عینی. انسانی است که هنوز وجود نیافته یا وجود داشته و اکنون، در اکنون این‌جایی، نوشتن متن یا خواندن متن، دیگر وجود عینی نیست.؛ بوده است یا خواهد بود و در اکنون متن تنها اندیشه‌ی او هست. در واقع چرایی شعر یا چرایی نویسانده شدن متن از این رو است که از من راوی شعر و از من مخاطب بیرون از شعر یا از انسانی که در واقعیت زندگی شاعر یا خواننده در لحظه‌ی شعر بایستی باشد، فقط اندیشه است. اندیشه‌ای که اندیشه‌ی انسان بی‌سایه است. انسانی که هستی او از وجود اندیشه است؛ وجودی است که وجود عینی ندارد؛ تنها نشانه‌هایی از او وجود دارد. نشانه‌های احساس و شعور (آگاهی) و اندیشه‌ی او. یعنی آن چه که هم چون ریسمان سینه‌ریزی تمام عنصرهای شعر را از درون و بیرون به هم وابسته می‌کند و استحکام هم‌نشینی نشانه‌های در شعر را سبب می‌شود. پس من راوی شعر، من اندیشه است؛ انسان اندیشه است در هر زمان و مکانی که بوده است و خواهد بود، اما در لحظه‌ی نویسانده شدن یا آفرینش شعر غایب است. و همین غیبت او است که او را بی‌سایه می‌کند و شاعر را ملتزم به افشای غیبت او؛ غیبت احساس و شعور و اندیشه‌ی ویژه‌ای در موقعیت سیاسی اجتماعی یا تاریخی حغرافیایی ویژه‌ای.

به بیان دیگر وجود بی‌سایه‌ی شعر آن اندیشه‌ی آرمانی برای ساختن نیکان‌شهری است که من او یا همه چیز را در اختیار داشته است و در جست و جوی آن چیز دیگر، آن "آن" دیگر است یا منی است که ویژگی‌های انسانی از او سلب شده و اندیشه و حسرت و جست و جوی آن انسان برایش باقی مانده است. انسان بی‌سایه، به دلیل ویژگی‌اش، همین نداشتن سایه و حضور خود را نمایاندن با اندیشه، انسان ناراضی است. انسانی است که هیچ تعلق خاطر دنیوی یا اخروی در اکنون خود ندارد؛ به هیچ چیز و هیچ کس وابسته یا دل‌بسته نیست؛ تک‌خو نیست. انسان بی‌سایه یا من راوی شعر حتا از کشف‌ها و یافت‌های خود هم می‌گذرد؛ فراتر می‌رود. انسان بی‌سایه بنا بر خصلتش ایستا نیست؛ نمی‌تواند باشد؛ ایستایی او هم زمان است با پذیرش موقعیت ویژه؛ موقعیتی که به او سایه می‌دهد؛ سایه‌ای که همان دل‌بستگی‌ها و وابستگی‌ها است.

به بیان دیگر، در شعر شمس‌الدین محمد حافظ، حضور انسان بی‌سایه یا من راوی شعر، در اندیشه‌ی رندی است. چنان که خود رندی هم در اندیشه وجود می‌یابد؛ اندیشه‌ای که نهایت عینی آن یا تجلی آن، انسان رند است؛ همان انسان رندی که حافظ به صراحت از آن یاد می‌کند و در عین حال که من شعر خود را رند معرفی می‌کند باز به دلیل ناایستا بودنش، بی‌سایه بودنش، از رندی هم فراتر می‌رود. چرا که رند راستین را آن رندی می‌داند که بی‌سایه است؛ نمی‌توان خصلت یا خصلت‌های ویژه‌ای را به او نسبت داد. او می‌داند هر خصلتی، هر صفتی، هر قیدی، زمانی پذیرفتنی است که اندیشه به ایستایی رسیده باشد؛ به سایه‌دار شدن. از همین رو هم هست که تا امروز هنوز کسی نتوانسته است به حافظ برچسب ایستاگری بزند. حافظ به عنوان شاعر، به عنوان کسی که راه شناختنش تنها شعر او است، مبرا از هرگونه اندیشه‌ی ایستا یا ایدئولوژی و تعلق خاطرهای پیش پا افتاده است. حافظ اگر تعلق خاطری داشته باشد، همانا شعر او یا وجود بی‌سایه‌ی او است. تعلق خاطر او اندیشه‌ی رندی

است؛ روان سیال در شعر او است. تعلق خاطر حافظ رند یا انسان بی‌سایه‌ای است، رندی که نیچه از آن با نام "جان آزاد" یاد می‌کند و فردوسی "خداوند جان و خرد"؛ یعنی کسی که صاحب یا دارنده‌ی جان -برآیند احساس و تجربه- و خرد -برآیند آگاهی و دانش- است.

"خلق می‌گویند، جاه و فضل در فرزانگی ست
گو مباش این‌ها، که ما رندان نافرزانه‌ایم
عیب تو ست، ار چشم گوهربین نداری، ورنه ما
هر یک اندر بحر معنی، گوهر یک‌دانه‌ایم"[۱۳]
سعدی

در واقع همین گوهر یک دانه، این بی‌سایه‌گی در بحر معنی، جان آزاد می‌آورد؛ استقلالی به من راوی شعر می‌دهد که توأم است با آزادی بی‌حصر و استثنا. رندی به انسان این توانایی را می‌دهد تا در هر موقعیت ممکن بنشیند؛ در هر موقعیت ممکن نسبت به آن موقعیت انتقاد و ایثار داشته باشد؛ با نقد از موقعیت خود به عنوان یک من جایگزین من‌های عمومی جامعه و تاریخ، جست و جوگر موقعیت به‌تر و رسیدن به آن نیکان‌شهر شود که هیچ سایه‌ای از آن موجود نیست؛ اما قابل تصور است.

منِ رند، منی است که اگر در موقعیت نقد قرار نگیرد، که خیلی کم اتفاق می‌افتد، در موقعیت دیدبان، حافظ زیبایی می‌ایستد بدون این که از خود تعلق خاطری یا سایه‌ای بگذارد. در واقع منِ رند، هم در نقد و هم در ایثار به التزام می‌رسد.

"بکوی میکده هر سالکی که ره دانست
در دگر زدن اندیشه‌ی تبه دانست
زمانه افسر رندی نداد جز به کسی
که سرفرازی عالم درین کله دانست"[۱۴]
حافظ

آن جا که من راوی شعر، وجودی است در فروسو، در موقعیت از دست دادگی همه‌ی ویژگی‌های انسان سایه‌دار، انسانی اجتماعی، در جست و جوی آرمان خود، تعالی انسان، جست و جوگر انسان بی‌سایه می‌شود:

"بیا تا گل برافشانیم و می در ساغر اندازیم
فلک را سقف بشکافیم و طرحی نو دراندازیم."[۱۵]
حافظ

این طغیان، این فریاد من بی‌سایه است که دارای این توانایی و معرفت است. خرد نهفته در این شعر، هر آن چه را که بوده است و خواهد بود به زیر پوشش خود می‌کشد و در عین حال نمی‌توان گفت مراد از شعر این است یا آن؛ همه است و هیچ یک از آن‌ها. انتقاد من راوی بی‌سایه، با تکیه به دو عنصر ملموس و آشنای گل و می و دو فعل افشاندن و انداختن، سکوی پرش هر گونه انتقادی را مهیا می‌گرداند و التزامی را به من بی‌سایه، به من راوی شعر، به من شاعر، به من خواننده می‌دهد که پویا و بی‌پایان است؛ نشان می‌دهد همیشه موقعیتی برای شکافتن سقف‌ها وجود دارد و در هر موقعیتی ایجاد طرح نو ضروری است. کدام سقف؟ کدام طرح؟ سقف و طرح به عنوان مضمون سایه‌اند، وجود بیرونی ندارند و در نتیجه هدف‌مندی متن، اندیشه بی‌سایه است؛ هیچ مشخصه‌ای نمی‌توان برای آن در نظر گرفت. پس هر سقف یا هر طرح نویی را که از خوانش خواننده برمی‌آید، دربرمی‌گیرد. اندیشه‌ی متن با خوانش خواننده پویا می‌شود و موقعیت آن بستگی به موقعیت خواننده دارد.

جایی که من راوی شعر انسانی است در فراسو، باز در موقعیت به دست آوردن همه‌ی ویژگی‌های انسان سایه‌دار، جست و گر آرمان برتر خود، همان تعالیِ نامتعین انسان، انسان بی‌سایه می‌شود و هم‌زمانِ رسیدن به آن از آن فراتر می‌رود:

"سمن‌بویان غبار غم چو بنشینند بنشانند
پری‌رویان قرار از دل چو بستیزند بستانند."[۱۶]
حافظ

این سمن‌بویان، این پری‌رویان چه کسانی‌اند که با دو خصلت شاخص انسانی شناخته می‌شوند و در عین حال از آن فراتر می‌روند؟ این سمن‌بویان و پری‌رویان، از آن جا که از واقعیت عینی بیرون از متن، به واقعیت ذهنی درون متن رسیده‌اند، نشان می‌دهند که به زمان و مکانی ویژه تعلق ندارند. موقعیت آن‌ها موقعیت سیال است. دو فعل نشستن و نشاندن در سطر نخست و دو فعل، ستیزیدن و ستاندن در سطر دوم، چنان با نشانه‌های پیشین خود، "*غبار غم*" و "*قرار دل*" بازی می‌کنند و چنان توأمان در حرکتند که نمی‌توان به ایستایی یا سکون سمن‌بویان و پری‌رویان رسید و موقعیت آن‌ها را مشخص کرد. واژه‌ی "چو" به صراحت این ایستایی را از دو عنصر اصلی شعر می‌گیرد و آن‌ها را چنان پویا می‌کند که بی‌سایه می‌شوند. سمن‌بویان و پری‌رویان دو موجود بی‌سایه‌ای می‌شوند که با وجود داشتن دو شناسه‌ی "*غبار غم*" و "*قرار دل*" باز بی‌موقعیتند. چرا که نشاندن و ستاندن در بازگشت خود به نشستن و ستیزیدن خواننده را از دریافت موقعیت شناخته شده با توجه به نشانه‌ی "چو" باز می‌دارد.

از آن جا که عنصرهای اصلی، سمن‌بویان و پری‌رویان در موقعیت ناایستایی قرار دارند یا در بی‌زمانی، من بی‌سایه شعر و نهایت خود شعر، با وجود زمان ویژه‌ی درون آن، لحظه‌ی نشستن و لحظه‌ی ستیزیدن، در بی‌زمانی بیرون از شعر شکل می‌گیرد. کیفیتی که ساختار آن را به بی‌زمانی و بی‌مکانی می‌رساند و ماندگار بودن یا بی‌سایه بودن یک اندیشه را ممکن می‌سازد.

متن‌های فارسی به ویژه غزل‌های فارسی، اغلب شاخص این دو گونه، اندیشه‌ی وابسته به واقعیت بیرونی و اندیشه‌ی وابسته به متن هستند. چرا که به

طور معمول، غزل‌سرا، در هر غزل بیش‌تر از یک اندیشه ندارد. اندیشه‌ای که با همان مصرع یا نهایت بیت نخست مشخص می‌شود و به ندرت پیش می‌آید که بیتی از نظر بیان اندیشه مکمل بیت دیگری باشد. از همین رو بیت‌های یک غزل اغلب ناشعری هستند و غزلی که ساختار در هم تنیده‌ای داشته باشد، در هر دیوان شاعری استثنا است. به سراغ غزل‌ها یا اغلب شعرهای معاصران که می‌رویم با تکرار یک اندیشه و بیش‌تر هم با اندیشه‌ی مستقل از متن رو به رو می‌شویم.

در کتاب **جست و جوی خرد ایرانی، از پیش از زرتشت ...** به ساختار متن‌های آهنگین کسانی چون مولوی اشاره کردم و این که در تمام **دیوان شمس** بیش از یک اندیشه، آن هم از یک زاویه دیده نمی‌شود و سخن یک بیت با سخن کل یک غزل یا کل دیوان تفاوت چندانی در معنا ندارد:

"یار مرا غار مرا عشق جگرخوار مرا
یار تویی غار تویی خواجه نگهدار مرا
نوح تویی روح تویی فاتح و مفتوح تویی
سینه مشروح تویی بر در اسرار مرا
نور تویی سور تویی دولت منصور تویی
مرغ که طور تویی خسته به منقار مرا
قطره تویی بحر تویی لطف تویی قهر تویی
قند تویی زهر تویی بیش میازار مرا
حجره خورشید تویی خانه ناهید تویی
روضه اومید تویی راه ده ای یار مرا
روز تویی روزه تویی حاصل دریوزه تویی
آب تویی کوزه تویی آب ده این بار مرا
دانه تویی دام تویی باده تویی جام تویی
پخته تویی خام تویی خام بمگذار مرا

این تن اگر کم تندی راه دلم کم زندی
راه شدی تا نبدی این همه گفتار مرا"[۱۷]
مولوی

از آن جا که متن دارای ساختار هرمی نیست و برای من راوی هیچ کانون دیگری مگر من مخاطب وجود ندارد، هیچ پایانی هم برای آن نمی‌توان متصور شد. کس یا کسان دیگری نیز می‌توانند متن را با همین سبک و قیاس ادامه بدهند. چرا که نه تنها متن تهی از زبان امکان است، که مضمون و اندیشه‌ی تک‌خو یا ابتدایی دارد: هم یک توهم ذهنی جای‌گزین یک واقعیت عینی شده است و هم هیچ عینیتی ذهنی نشده.

البته غزل‌هایی هم هست که به رغم تکرار یک مضمون و یک اندیشه گاه شعری کوتاه در میان آن بیت‌ها می‌درخشد. چنان که در غرل‌هایی از حافظ که مجموعه‌ی چند شعر کوتاه نیستند، این اتفاق می‌افتد. غزل‌هایی هم هست که گاه تنها با یک شعر کوتاه (بیت) اندیشه را وابسته به متن می‌کنند و تنها گزارش‌گر آن نیستند:

"هر خشک و تر که داشتم، از غم بسوختم
هر بال و پر که داشتم، از دم بسوختم
....
هر ساعت این خروش برآید مرا ز دل
کای غم، بسوختم ز غم، ای غم بسوختم"[۱۸]
خاقانی شروانی

یک مقایسه‌ی ساده نشان می‌دهد که اندیشه‌ی این دو بیت از یک غزل خاقانی شروانی، یکی است. اندیشه‌ی بیت نخست مستقل از متن و اندیشه‌ی بیت دوم وابسته به متن است. در بیت نخست من راوی از شدت غم "تر و

خشک" و "*هر بال و پر*" که داشته سوزانده است. در بیت دوم هم ممکن است همین اتفاق بیفتد، اما مشخص نیست.

اندیشه‌ی "*از غم*" سوختن در بیت نخست، مستقل از متن عمل می‌کند؛ خبری است. در صورتی که اندیشه‌ی "*از غم*" سوختن در بیت دوم وابسته به متن است؛ وابسته به خروشی است که هر ساعت از دل من راوی برمی‌خیزد؛ خروشی، غمی، اندیشه‌ای است که دیگر سایه ندارد. خشک و تر و بال و پر بیت نخست در عینیت خود مانده‌اند، ذهنی نشده‌اند. این اتفاق در بیت دوم، با حذف عینیت خشک و تر و پر و بال نمی‌افتد. عینیتی در بیت نیست که ذهنی شده باشد. از این رو اگر چه بیت دوم به آن غنای شعری و درخشش لازم نرسیده است، اما به‌تر یا شعری‌تر از بیت نخست است. چرا که دست کم مشخص نیست غم برای کیست؟ برای چیست؟ بیت نخست با بهایی که من راوی متن برای آن می‌پردازد، یعنی چون بر "*خشک و تر*" و "*بال و پر*" نوعی ارزش می‌گذارد، دامنه و وسعت شعر را می‌بندد، سایه‌دارش می‌کند. در بیت دوم با این که "*خروش*" سایه‌دار غم می‌شود، باز سایه ندارد. چرا که غم مصرع دوم سایه ندارد. پس در نهایت"*خروش*" هم بی‌سایه می‌شود. و چون سایه ندارد خروش یا غمی می‌شود که خواننده همراه متن ارزش و وسعت آن را تعیین می‌کند و به آن سایه می‌دهد. یعنی متن دارای اندیشه‌ی فداکاری در حد و حدود غم مخاطب و توانایی مخاطب می‌شود؛ خود اندیشه بی‌سایه است. روشن است که مخاطبی ممکن است برای غمش، "*تر و خشک*" یا "بال و پر"ی را نسوزاند و معنای خروشش عمل دیگری باشد. به بیان دیگر، بیت نخست، از آن جا که غم را عام یا کلی می‌کند و ذهن را عین، از مرتبه‌ی شعری می‌افتد و بیت دوم چون غم را به خود و خروش را وابسته به آن می‌کند و عین را ذهن، متن را تا مرحله‌ی شعر شدن پیش می‌برد. چنان که خلاف این اتفاق در داستان‌های **هفت گنبد** اثر نظامی گنجوی می‌افتد.

شخصیت‌ها، حادثه‌ها و به طور کلی تمام عنصرهای **هفت گنبد**، واقعیت‌های عینی هستند که در طی روایت داستان به دگردیسی ذهنی می‌رسند. خواننده با تمام شدن هر داستان یا شناخت هر شخصیت یا شئی‌ها، باوری فرازمانی و فرامکانی از آن‌ها به دست می‌آورد. به طوری که حتا رنگ‌ها از حافظه‌ی خواننده فراتر می‌روند و با توجه به معنا و مفهوم جدید، درک و حسس نویی نسبت به آن‌ها پیدا می‌کند.

"گاه آید ز گوهری سنگی
گاه لعلی ز کهربا رنگی" [۱۹]

نظامی گنجوی

اگر اندیشه‌ی سایه‌دار یا ایدئولوژیک در اثرهای مولوی نادیده گرفته شود، زبان امکان و مضمون سایه‌ای در متن‌های بسیاری از او درخشش ویژه‌ای دارد. توانایی شگفت مولوی و احاطه‌ی شگرف او در به کارگیری شگردهای زبانی یا زبان امکان گاه بیت‌هایی از او را توأم می‌کند با قدرتی هم‌مانند جادو و افسون. چنان که برای خاموش کردن آتش با یک دم، چه آتش درون که مراد او است و چه آتش برون که واقعیتی عینی یا گذر از عین به ذهن را می‌نماید، چنین چیرگی را نشان می‌دهد:

"دم سخت گرم دارد که به جادویی و افسون
بزند گره بر آتش و ببندد او هوا را" [۲۰]

مولوی

اندیشه‌ی بی‌سایه یا اندیشه‌ی متکامل، فراخ و گستران بر هستی انسانی، در هستی‌شناسی شعر شاعران معاصر، در فصل **تأویل و شناخت** چهره‌ی درخشان‌تری می‌یابد و التزام شاعر به آن برای رسیدن به یک متن ماندگار را به‌تر نمایان می‌کند.

در جست و جوی جانِ آزاد[1]

نامه‌ی فروغ فرخزاد پیش از آن که پرسشی باشد از پرویز شاپور، شرح روزگاری است که او و هم نسل های او، در آن به سر می‌بردند. متن نشان می‌دهد چه فروغ آگاه بوده است بر موقعیت خود به عنوان یک شاعر ماندگار و چه تنها آن را از سر استیصال نوشته باشد، بر ثبت موقعیت دوران خود اشراف داشته است. خواسته است که ضمن نوشتن نامه، دریافت و آگاهی‌های خود را طرح کند. از این رو چند موضوع ساده‌ی مستتر در متن، توأم است با هر دو بُعد پرسش و پاسخ و هر دو بُعد با نظری شکاکانه و در جست و جوی یک قطعیت یا فضاوتی صریح. نگرشی که می‌نماید با پاسخ پرویز شاپور یا هر فرد دیگری نه تنها مشکل باز لاینحل می‌ماند که هر گونه پاسخی هم راه‌گشای راهی نیست که فروغ و هم‌نسل‌هایش عطش پیمودن آن را داشتند.

آن چه در متن بیش از همه مهم است، بیداری نسبی نویسنده نسبت به وضعیت موجود است. نشان می‌دهد چه گونه فروغ فرخزاد "سانتیمانتالیست" با آن نگرش "رمانتیک" می‌تواند مسیر دیوان‌های **اسیر** و **دیوار** و **عصیان** را بگذراند تا به فروغ فرخزاد **تولدی دیگر** و **ایمان بیاوریم به آغاز فصل سرد** برسد.

متن نشان می‌دهد که زنی بر وضعیت موجود، محیط زندگی خود و مهم‌تر از همه بر خواست‌های خود، آگاهی یافته است و نیاز به شناخت و

دریافت وضعیت، محیط و فضاهای بیرون از محدوده یا گذر از خط قرمز را با تمام وجود دریافته است. نشان می‌دهد که احساس زنانه و شعور شاعرانه‌ی نویسنده در راهی درست گام برداشته است، اما احساس و شعور اجتماعی یا نگاه جست و جوگرانه‌ی او در راهی نادرست قرار گرفته است. چرا که هنوز درنیافته است پیش از رسیدن به پاسخ، آن هم پاسخی صریح، رسیدن به تأکید یا تکذیب، به‌ترین راه در پیش رویش، همانا تجربه‌ی عینی احساس و شعوری است که بر او غلبه یافته و روانش را آشفته است. راهی که سرانجام انتخاب می‌کند و به تحربه درمی‌یابد که تا "سرش به‌سنگ نخورد"[۲] سنگ را نمی‌شناسد.

نمی‌توان انکار کرد که پیش از آن که به پرسش بیاندیشیم یا به تعریفی برای نویسنده‌ی نامه، با یک متن رو به رو هستیم. نمی‌توان از متن به دو دلیل ساده اما مهم به سادگی گذشت و یک راست رفت به سراغ پرسش و پاسخ.

شاید اگر پرسش‌گر موضوع نامه را تعریف می‌کرد، پاسخ صریحی می‌یافت. چرا که مخاطب در شنیدن یک موضوع، با یک روایت مکتوب یا یک متن رو به رو نیست و نهایت به بعدی از موضوع توجه می‌کند و نظر می‌دهد. اما اکنون که ما متن نامه را در رو به روی خود داریم و می‌توانیم بارها آن را چون یک روایت مکتوب از یک یا چند حادثه بخوانیم، دیگر نمی‌توانیم "قضاوت" یا پاسخ صریح داشته باشیم.

دلیل دیگر این که ما با یک متن رو به رو هستیم که نه شعر است، نه داستان و نه هیچ یک از شیوه‌های ادبی که به هر حال اندیشه‌ای را دنبال می‌کنند و می‌کوشند از موضوع نهفته در خود بُعدهای گوناگونی را بپروانند یا برجسته کنند. در واقع متن یکی از شیوه‌هایی نیست که خود را بر نویسنده‌اش نویسانده باشد؛ متنی است که نویسنده با آگاهی کامل و با هدفی معین و مشخص تصمیم به نوشتن آن گرفته و آن را به انجام رسانده است. بنابراین اگر ما متن را بدون آگاهی از نویسنده‌اش در نظر بگیریم، متن تأویل‌پذیری نیست

که تأویل‌های گوناگون و روایت‌های گوناگونی را برمی‌تابد. از سوی دیگر با یک نامه‌ی معمولی از یک زن ناشناخته هم رو به رو نیستیم. هم متن نامه به ما نشان می‌دهد که نویسنده، زنی معمولی نیست، زنی است برانگیخته و در آستانه‌ی طغیان که به نگاه و احساس و شعور ویژه‌ای دست یافته است، و هم آگاهی تاریخی‌و "حافظه‌ی فروغ"ی ما فراسوی متن ایستاده است. متن هم‌زمان با خواندنش، حافظه‌ی "فروغ"ی ما را هوشیار می‌کند و اجازه نمی‌دهد که مستقل از شناختمان از فروغ و شعرهایش و دوره‌ی تاریخی او خوانده شود.

درون‌مایه‌ی آشکار متن، گرفتار بودن فروغ به عنوان یک شاعر در آستانه‌ی آگاهی و طغیان است. متن نویسنده‌ای را می‌شناساند که زن است، وابسته و دل‌بسته به زنانگی خود است، فرسودگی سنت‌ها و قانون‌های کهنه را دریافته است، با اندیشه‌های نوین دوران خود آشنا است و نمی‌خواهد و نمی‌تواند خود را در "*تکرار مکرارات*" زندانی کند؛ می‌خواهد به تجربه‌های نو دست یابد تا بتواند "*از چیزی سخن بگوید که دیگران نگفته‌اند*"[۳] دنبال سوژه و موضوعی می‌گردم که بی‌نظیر باشد و خواندن آن تو را لذت دهد."[۴]

جست و جوی موضوعی بی‌نظیر، اگر هم چنان گفته‌ی سلیمان پیامبر را در **کتاب جامعه** به خاطر داشته باشیم[۵]، نه تنها امر محال است که کشف یا دست یافتن به آن بیش از آن که به کار شاعران و آفرینشگران بیاید، محملی است برای سرگرم کردن کاشفان تا بتوانند به زندگی "سیزیف"گونه‌ی خود معنا بخشند. آن چه به زندگی شاعر معنا می‌بخشد، چنان که به زندگی فروغ فرخزاد معنا بخشید، کشف موضوعی بی‌نظیر نیست. آفرینش روایت‌های دیگرگونه و نو از یک موضوع است که به آن جلوه‌ی نو یا حسی تازه می‌دهد و مخاطبش را به ادراک حسی نو می‌رساند. چنان که خواننده در شعرهای از **تولدی دیگر** به بعد، نه تنها با یک موضوع تازه یا نو در شعرهای فروغ رو به رو نمی‌شود که آشکارا موضوع‌های تکراری و روزمره در شکلی نو و روایتی دیگرگونه جلوه می‌یابند.

شگرد شیوه‌ی روایت فروغ، توازی شعور و حس او در شیوه‌ی روایت از
یک موضوع تکراری، در مجموعه‌های **تولدی دیگر و ایمان بیاوریم به**
آغاز فصل سرد با ما به عنوان مخاطب کاری می‌کند که انگاری با آن
موضوع برای نخستین بار به هم حسی رسیده‌ایم که این چنین در ما تأثیر
می‌گذارد و ما را به ادراک حسی نو و متعاقب آن به اندیشیدن وامی‌دارد.

حضور ذهن نویسنده‌ی نامه بر زندگی پیرامونش یکی از جلوه‌های
درخشان متن است. کلید درک و شناخت آغار فروغ شدن را به عنوان یک
شاعر مدرن به ما می‌دهد. اشراف او به تکراری بودن همه‌ی مسئله‌های
پیرامونی یا تهدید کردن سنت‌های فرسوده با عرف‌های محدودکننده‌اشان، از
نکته‌های ویژه‌ای است که نشان می‌دهد چرا و چه گونه فروغ فرخزاد به
تولدی دیگر رسید و شاعری جاودانه گشت.

او هم شانس همزیستی با سنت‌ها و حادثه‌های پیرامونی را داشته است و
هم شانس آگاهی از زندگی‌های دیگر را. در متن هم به *"تعزیه‌خوان‌هایی که*
صبح در خانه ... معرکه راه انداخته بودند" اشاره می‌کند و هم به *"بحث‌ها و*
بالاخره دعواهای خودمان با زن‌های چادرنمازی از خواب‌هایی که می‌بینیم و
از افکار همیشگی‌ام و از مردم". [۶]

فروغ از *"عادیات"*، *"حوادث عادی زندگی"* خسته شده است. به *"دنبال*
چیزی ... تازه و جالب" است که هر روز *"صد هزار مرتبه و در صد هزار نقطه"*
با آن رو به رو نشود. آیا چنین امری بدون دست یافتن به دانش و تجربه‌ی لازم
ممکن است؟ آیا پناه بردن به دامان دیگری، حتا اگر آن فرد پرویز شاپور،
ابراهیم گلستان یا هر فرد آگاه و با دانش دیگری باشد به دور از محیطی با *"این*
همه چیزهای مبتذل و عادی"، راه دست یافتن به شخصیت *"پری‌زاد شعر*
فارسی" [۷] خواهد بود؟

نمی‌توان همزیستی با دیگری را نادیده گرفت و به کلی تأثیر متقابل
شخصیت‌های فرهیخته را انکار کرد. هم چنان که نمی‌توان نقش سیر و

سیاحت و سفر به فضاهای دیگرگونه را فراموش کرد، اما هم تجربه نشان داده است و هم دانش و آگاهی علمی ثابت کرده که "بی‌مایه فطیر است". یعنی به قول ویلیام فاکنر، ضرورت داشتن ۲۰ در صد استعداد، ۶۰ در صد کار و ۲۰ در صد شانس. یعنی همه‌ی آن چه فروغ فرخزاد داشت و اضافه بر آن عطش خواستنش، عطش جست و جو یا به قول خودش عطش "*یک قدم به جلو*" برداشتنش، او را بیش از آن چه حتا خود تصور می‌کرد، به عنوان شاعری ماندگار و همه‌گیر تثبیت کرد.

نویسنده‌ی متن می‌خواهد بر "*خلاف مقرارات و آداب و رسوم و بر خلاف قانون و افکار و عقاید مردم*"[۸] عمل کند. اما "*بندهایی بر پا*"هایش است که او را محدود می‌کند"*و اجازه نمی‌دهد* "*روح، وجود و اعمال*"ش بیرون از "*چهار دیواری قوانین سست و بی‌معنی اجتماعی محبوس*"[۹] نماند.

رهایی از این چرخه‌ی تکرار چه گونه ممکن است؟ فروغ به صراحت به اندیشه‌ی اگزیستانسیالیست‌ها و به طور مشخص‌تر به بیتل‌ها، هیپی‌ها یا زندگی جوانان معترض به آداب و رسوم و اخلاق آن دوره اشاره می‌کند. اما با این که نمای زندگی آرمانی خود را در چنین محیطی تصور می‌کند و با این که از شاپور می‌پرسد "*تو فکر می‌کنی این زندگی لذیذ و زیبا نیست؟*"[۱۰]، هنوز به آن یقینی دست نیافته که بتواند همه‌ی بندهای ضروری را پاره کند؛ هنوز به آن آگاهی نرسیده است که با توانایی، احساس، شعور و حفظ استقلال خود راهی را برود که در زندگی پیرامونی‌اش تغییر ایجاد کند؛ هنوز درنیافته است که طغیان فردی اگر چه ضروری است اما کامل و کافی نیست؛ هنوز نمی‌داند برای رسیدن به آرمان خود، پیش از آن که به دنبال "قطعیت" یا "قضاوت" باشد، باید به سوی آگاهی، تجربه و تغییر برود؛ هنوز به این آگاهی نرسیده که زندگی اگزیستانسیالیست‌هایی که به آنان اشاره می‌کند، برآمد زندگی پیرامون خود آنان است.

نهضت بیتل‌ها و هیپی‌ها و ... حاصل یک جامعه‌ی پیش‌رفته و آزادمنشانه‌ی فرهنگی است که از سویی به زور می‌خواهد "اخلاق" ویکتوریایی خود را حفظ کند و از سویی چنان در چنبره‌ی داد و ستد صنعتی یا اقتصاد ماشینی گرفتار شده که "انسانیت" *نیز در حال گم شدن و محو گشتن است. واقعیتی که فروغ – اگر چه از سر ناشناخته‌گی- بلافاصله به آن پاسخ می‌دهد: ولی البته بدی‌هایی هم دارد یعنی آن‌ها به اصل‌های اخلاقی و شرافت پس پشت‌پا زده‌اند."* [۱۱] این تناقض آشکار میان احساس و شعور موجود در متن، حتا اگر ما تنها همین یک نامه را در دست داشتیم، نشان می‌دهد که فروغ در این دوره از زندگی‌اش هنوز ساختار فرهنگ‌ها را، چنان که بعدها در شعرهایش حضور ضمنی می‌یابد، درنیافته است. آن چه او از آن به عنوان "بدی" یاد می‌کند یا می‌پندارد "*پشت پا زدن*" به "*اصول اخلاقی و شرافت*" است، نگرشی است که از خاستگاه اجتماعی او برمی‌آید و نه از فردی که خاستگاه اجتماعی و نگرشش به مسایل به‌کلی دیگرگونه است. چنان که جوانان فرهیخته‌ی اروپای روزگار فروغ متعلق به چنین خاستگاه و نگرش بودند.

این نوع نگرش یا این نوع اندیشیدن و جست و جو که فروغ در متن ارائه می‌دهد، دو راه بیش‌تر پیش رو نمی‌گذارد. نخست دل‌بستگی به"*اصول اخلاقی*" که برآمد تمام سنت‌ها و آداب و رسوم است، یعنی بازگشت به گذشته‌ی خود و نادیده گرفتن تمام آگاهی‌ها و دل‌خوش بودن به سرایش شعرهایی چون مجموعه‌های **دیوار** و **اسیر** و نهایت **عصیان**، دیگری مسلح کردن خود به دانش و تجربه، دریافت و آگاهی بر چه گونگی مقابله با ناملایمت‌ها و هموار کردن راه آینده با تغییر و جای‌گزینی یا امکان رشد دادن به جوانه‌ها و نهال‌های نو بر ریشه و تنه‌ی فرهنگ خود. فرهنگی با انبوهی از "کهن‌الگوها"؛ "کهن‌الگو"هایی که متأسفانه هم چنان ما را حتا در دوره‌ی آگاهی و اشراف بر اعتراض به سنت‌های پوسیده، وادار به جای‌گزینی

می‌کند. می‌خواهیم از امر قاعده و قانونی بگریزیم تا خود را گرفتار در امر قاعده و قانونی دیگر کنیم؛ درنیافته‌ایم که آن چه "عرصه" را بر ما یا بر آزادی "تنگ" می‌کند، وابستگی به "اوامر" است و فرق نمی‌کند که این "اوامر" از سوی جامعه، اخلاق، حزب‌ها یا قانون باشد یا فردی که به هر حال در همان جامعه یا جامعه‌ای دیگر رشد یافته و زندگی می‌کند.

"من دلم می‌خواهد با تو چنین زندگی داشته باشم و فقط حاضرم اوامر تو را اطاعت کنم نه قوانین اجتماع را." ۱۲ آیا *"اوامر"* پرویز شاپور یا هر فرد دیگری می‌تواند به دور از قانون‌های اجتماع باشد؟ تا چه حد امکان گریز یک فرد روشنفکر از قانون اجتماع که برآمد وضعیت موجود در آن، ادب و رسم و اخلاق مردمانی است که در آن زندگی می‌کنند، می‌تواند راه را بر دیگری هموار کند؟

شناخت ما از پرویز شاپور، فرض چه گونگی یا کیفیت پاسخ او را ممکن می‌کند. کاریکالماتور "ها یا "سیاه‌طرح"های او، – حاصل ناآرامی و تشویش او به دلیل درگیری‌اش با همه‌ی جنبه‌های زیستی و مصیبت‌های جامعه‌ای که در آن زندگی می‌کند – چون اژدری در دوره‌ی خود حضور می‌یابد و نگاه روشنفکران را جلب می‌کند. زبان تلخ و گزنده‌ی شاپور نشان می‌دهد او با همه‌ی گوشه‌نشینی و آرام بودنش به قول فروغ، در چنبره‌ی همان مشکل‌ها و مصیبت‌هایی گرفتار است که فروغ از آن‌ها می‌نویسد. نشان می‌دهد راه گریز یا غلبه کردن بر زندگی پیرامونی، دست کم برای شاعران و نویسندگان و هنرمندان، دست یافتن به زبان یا روایتی مسلط بر آن است. یعنی دست‌یافتن به زبانی چون زبان "کاریکالماتور "ها یا "سیاه‌طرح "ها که روایتی دیدگرگونه از موضوع‌های تکراری‌اند و نشان می‌دهند که آفرینشگر آن‌ها در راه دست‌یابی به پاسخی نو برای پرسش‌های زمانه‌ی خویش است.

بنابراین آن چه فروغ در جست و جوی آن است، به راستی پاسخ پرویز شاپور یا دیگری نیست، جست و جوی شگرد چه گونه فراتر رفتن از وضعیت

موجود است. جست و جوی راه‌های رسیدن به جان آزاد است. چرا که نه تنها پاسخ قطعی یا قضاوت پرویز شاپور که پاسخ قطعی یا قضاوت هیچ فرد دیگری هم نمی‌تواند فروغِ این نامه را از وضعیتی که در آن درگیر است، به گونه‌ای برهاند که سرانجام آن فروغ فرخزادی باشد که بخشی از حافظه‌ی امروز ما را اشغال کرده است. پس "قضاوت" من یا دیگری نیز نه تنها هیچ‌راه‌گشایی به کنه موضوع و مسئله نیست که گام گذاشتن در بی‌راهه است؛ به سویی جنبه‌ی نادرست نامه یا متن حرکت کردن است.

آن چه بُعد بیرونی متن نامه‌ی فروغ به ما نشان می‌دهد، گرفتار بودن در امر "قضاوت" است. نشان می‌دهد او و هم‌عصرانش به جای تجزیه و تحلیل مسئله‌ها و دست یافتن به تعریف و برداشتی آزاد از مسئله‌ها، به "قضاوت" کردن می‌اندیشیدند. می‌خواستند با "قضاوت" خط تأیید یا تکذیب بر مسئله‌های پیرامونی بکشند. کاری که متأسفانه هم اکنون نیز بسیاری از روشنفکران و نویسندگان و هنرمندان ایرانی، در همه‌ی امور انجام می‌دهند.

آن چه امروز بیش از هر زمان ضرورتش حس می‌شود، اندیشیدن به موضوع‌های گوناگون، دست یافتن به تحلیلی روان و ساده، بدون پایان‌بندی ابدی است. چرا که نه تنها "قضاوت" کردن در باره‌ی مسئله‌های مشکلی را حل نمی‌کند که نمی‌توان موضوعی را با "حکمی" در باره‌ی آن کنار گذاشت. موضوع‌ها هم‌مانند زندگی که بوده است و هست و خواهد بود، ازلی و ابدی‌اند و هیچ گاه محو و نابود نمی‌شوند. در هر دوره نسبت به موقعیت‌های گوناگون، صورت‌های ویژه می‌یابند. از این رو هر موضوع در هر لحظه دریافت هم‌زمانی و در زمانی خود را دارد و حذف شدنی نیست. چرا که حذف موضوع‌ها از زندگی، یک زندگی آزاد و مستقل، زندگی مسلط بر پیرامون و نه زندگی در سلطه‌ی پیرامون، چه با قضاوت و چه به هر دلیل دیگر، زندگی را بی‌معنا و خالی از جنبه‌های زیستی می‌کند. آن چه حایز اهمیت است، شناخت مسئله‌ها، حفظ فاصله با مسئله‌ها، زندگی هم‌جواری و

موازی با مسئله‌ها و تداوم استقلال منشی است که هر فرد در هر دوره از زندگی‌اش انتخاب می‌کند. احساس‌هایی عمل کردن یا به درستی عقل یا شعور و دانش ابدی متکی بودن، یا با تأکید و تکذیب از مسئله‌ها گذشتن، بی‌راهه‌ای است که تاریخ سیاسی و روشنفکری ایران طی کرده است. کسی که با قضاوت کردن موضوعی را کنار می‌گذارد یا از سر خود وامی‌دارد، بر این گمان نادرست است که می‌خواهد به زندگی‌اش برسد. چنان که دیگری هم که گمان می‌کند با تجزیه و تحلیل توانسته است موضوعی را از سر خود وابکند، با همین اشتباه روزگار می‌گذراند. آن چه به‌گمان من می‌تواند پاسخی شایسته به نامه‌ی فروغ باشد، شناخت نبض زندگی یا شناخت بطن نامه است: با شناخت زندگی پیرامونی و شناخت زندگی آرمانی و تلاش در راه ساخت پل میان این دو، می‌توان به آن چه رسید که فروغ جوان در جست و جوی آن است. در این صورت است، شاید، که بتوان به آن چه نیچه "جان آزاد" یا "ابرانسان بودن" می‌گوید و به نظر می‌رسد جست و جوی فروغ هم همین است، دست یافت. چون نه انکار سنت‌ها و اخلاق و قانون‌های اجتماعی ممکن است و نه تغییر یک شبه‌ی آن‌ها و نه حتا نادیده گرفتن‌ها مشکلی را حل می‌کند. به نظر می‌رسد با "جان آزاد" است که می‌توان بدون خرد و فرسوده شدن در زیر تازیانه‌ی سنگین وضعیت موجود اجتماعی، مسافت پرمخافت میان یک جامعه‌ی سنت‌گرا و یک جامعه‌ی مدرن را هموار کرد و در هر دوره بر بستری از رویا یا آرمان خود چیره گشت. چرا که نه ذهنیت بی‌رویا نجات دهنده است و نه رویای بی‌عینیت. هیچ نجات‌دهنده‌ای هم بیرون از خویشتن آدمی نیست.[۱۳]

استاوانگر، آپریل ۲۰۰۶

پی نوشت‌ها

پی نوشت آن یگانه‌ی هنوز ناشناخته:

۱- در جستار عنصرهای ساختار شعر هرمی، که در همین کتاب پیوست است، زبان امکان، مضمون اندیشه و اندیشه‌ی بی سایه تعریف شده است.

۲- مراجعه کنید به جستار ساختار هرمی در پیوست همین کتاب.

۳- در شناخت بیش‌تر این معنا، مراجعه کنید به جستار "در جست و جوی جان آزاد"، که پیوست همین کتاب آمده است.

۴- هر متن، من مخاطبی دارد که به شکل‌های گوناگونی حضور می‌یابد. این حضور ممکن است مستقیم باشد و شناخته شده، ممکن است نامستقیم و ناشناخته باشد. این من مخاطب ممکن است به صورت من غایب باشد یا به صورت من حاضر. حضور من مخاطب مستقیم، همانند آیدا در شعرهای مجموعه‌های "آید در آینه" و "آیدا درخت و خنجر و خاطره است". من مخاطب نامستقیم ناشناخته، همان منی است که در بیش تر شعرهای معاصر حضور دارد. این من مخاطب، البته که به صورت "تو" نیز حضور عینی می‌یابد. برای آگاهی بیش تر رجوع کنید به کتاب "هستی‌شناسی شعر فارسی، جلد ۱" به همبن قلم، نشر نوروز هنر، تهران، ۱۳۸۲.

۵- برای شناخت بیش‌تر من راوی نیز به همان کتاب نام برده‌ی هستی شناسی شعر فارسی، جلد ۱" مراجعه کنید.

۶- در همان کتاب یاد شده ی "هستی‌شناسی شعر فارسی جلد ۱" که شعر و اندیشه‌ی یازده شاعر از حافظ تا نفیسی بررسی شده است، به چرایی انتخاب چهار شعر از هر شاعر اشاره شده است.

۷- شعر و اندیشه‌ی نام‌های یاد شده، در کتاب یاد شده، "هستی‌شناسی شعر فارسی، جلد ۱" بررسی و تحلیل شده است.

پی‌نوشت تأویل و شناخت شعر بلند:

۱- رجوع کنید به کتاب هستی‌شناسی شعر فارسی، جلد ۱، منصور کوشان، نشر نوروز هنر، تهران، ۱۳۸۷

پی نوشت ساختارشناسی شعر بلند ایمان بیاوریم به آغاز فصل سرد: **۴۵**

۱- در کتاب "هستی‌شناسی شعر فارسی" و در جستارهایی چون "چرایی شاعر در شعر و چرایی شعر برای شاعر" در کتاب "چالش‌های ادبیات" بارها به این موضوع پرداخته‌ام.

۲- - احمد شاملو / نازلی:

وارطان! بهار خنده زد و ارغوان شکفت .
در خانه، زیر پنجره گل داد یاس پیر .
دست از گمان بدار
با مرگ نحس پنجه میفکن
بودن به از نبود شدن، خاصه در بهار . . . "
وارطان سخن نگفت .
سرافراز
دندان خشم بر جگر خسته بست و رفت . . .
" ـ وارطان! سخن بگو!
مرغ سکوت، جو جه‌ی مرگی فجیع را
در آشیان به بیضه نشسته است!"
وارطان سخن نگفت .
چو خورشید
از تیرگی بر آمد و در خون نشست و رفت . . .
وارطان سخن نگفت
وارطان ستاره بود
یک دم درین ظلام درخشید و جست و رفت . . .
وارطان سخن نگفت
" وارطان" بنفشه بود
گل داد و
مژده داد: " زمستان شکست!"
و
رفت . . .

۳- برای آگاهی بیش‌تر مراجعه کنید به کتاب "هستی‌شناسی شعر فارسی، جلد ۱، فصل
احمد شاملو، نوشته‌ی منصور کوشان، نشر نوروز هنر، چاپ یکم، تهران ۱۳۸۷. به این
موضوع همراه با نمونه‌هایی از آن مفصل پرداخته‌ام.

۴- "سرزمین هرز" اثر ت. س. الیوت، ترجمه‌ی بهمن شعله‌ور که یکی از درخشان‌ترین
ترجمه‌هایی است که من تا این تاریخ خوانده‌ام و به احتمال زیاد، منشأ شناخت فروغ
فرخزاد از الیوت نیز همین ترجمه بوده است، ویژگی زبان شعر، به ویژه تفاوت آشکار
زبان شخصیت‌ها هنگام که خود حرف می‌زنند، تا حدودی در این ترجمه هم رعایت
شده است، اما یک سان بودن حروف و شکل نوشتن از جلوه‌ی آن کاسته است.

پیوست‌ها

پی‌نوشت ساختار هرمی:

۱- یک شکل هرمی را در نظر بگیرید که هر وجه قاعده‌اش بیش از چند سانت نباشد،
اما ارتفاع وجه‌های وترهایش بیش از ۵۰ سانت باشد. خب بدیهی است که نه تنها چنین
هرمی بسیار زشت خواهد بود که استواری و ایستایی‌اش را هم از دست می‌دهد و با نرم بادی
می‌افتد. این حکم در مورد متن بلندی که ساختار آن بدون ظرفیت‌های زبانی، مضمونی و
اندیشه‌ای و قابلیت‌های لازم باشد صدق می‌کند.

۲- هر متن دارای یک من راوی است که دیدگاه شعر را مشخص می‌کند و چند من
دیگر. این من ها را در فصل **"شخصیت (من متن): خاستگاه زبان، مضمون،
اندیشه"**، در فصل"عنصرهای ساختار هرمی شعر" در همین کتاب، و به ویژه در فصل
"شخصیت در متن"، در کتاب "هستی‌شناسی شعر فارسی، جلد "۱، نشر نوروز هنر، چاپ
یکم، تهران ۱۳۸۷، توضیح داده‌ام.

۳- منظور از لبریخته‌ها، شطحیات در متن‌های عرفانی است و نه مجموعه‌ی شعر یدالله
رویایی، که خود برگردانی از شطحیات است بدون این که به آن اشاره‌ای بکند.

۴- این فصلی است از همان کتاب یاد شده، هستی‌شناسی شعر فارسی، جلد ۱.

۵- دیوان صائب.

۶- دیوان رودکی - اقبال آشتیانی

۷- همان جا

۸- مهدی اخوان ثالث- و نه هیچ- از این اوستا

پی‌نوشت عنصرهای ساختار هرمی شعر:

۱- در باره‌ی من روای، من مخاطب، من سوم و ... در کتاب هستی‌شناسی شعر فارسی، نشر نوروز هنر، چاپ یکم، تهران ۱۳۸۷ توضیح کامل داده‌ام.

۲ - سارتر و گروهی از اگزیستانسیالیست‌ها معتقدند واژه در نظر شاعر شیی است و در نظر نویسنده نشانه‌ای که مفهومی را در خود دارد. سارتر هم چنین معتقد است که زبان نهایت کار شاعر است و به چیزی فراتر از آن باور ندارد. مراد من از نشانه این نگرش سارتر نیست. من نشانه را برای مفهومی فراتر از حافظه‌ی واژه به کار می‌برم. به این معنا که واژه در شعر نشانه‌ی چیزی فراتر از آن چه بوده است، خواهد بود. نشانه در شعر، واژه‌ای است با معنایی نو و معنای گذشته یا تاریخی خود.

۳- منظور از آشنازدایی، رسیدن به مرحله‌ای در متن است که همه چیز در متن رنگ و بو و طعم نویی می‌یابد و به خواننده احساس و درک نویی از همه‌ی چیزهایی را می‌دهد که بارها دیده اما چنین برداشتی از آن‌ها نداشته است. به این موضوع، در کتاب "فراسوی متن، فراسوی شگرد" به طور مشروح پرداخته‌ام و خواننده‌ی کنجکاو می‌تواند به این کتاب مراجعه کند: "فراسوی متن، فراسوی شگرد"، منصور کوشان، چاپ نخست ۱۳۸۶، انتشارات نوروز هنر، تهران.

۴- هر کدام از بیت‌های غزل‌های حافظ یک شعر کوتاه است. به طور کلی ساختار غزل‌های درخشان فارسی، به ویژه غزل‌های حافظ بر اصل چند شعر کوتاه استوار است و نه یک شعر بلند. بیت‌ها و حتا گاه مصرع‌ها برخوردار از ویژگی شعر کوتاه است و کل غزل ساختار یک شعر هرمی را ندارد. چنان که بسیاری از شعرهای بلند شاعران معاصر. در این باره در متن بیش‌تر توضیح خواهم داد.

به هر حال متن کامل شعر نوشته می‌شود تا خواننده در صورت تمایل بتواند بر کل آن اشراف یابد.

راهی بزن که آهی بر ساز آن توان زد
شعری بخوان که با او رطل گران توان زد
بر آستان جانان گر سر توان نهادن
گلبانگ سربلندی بر آسمان توان زد

قد خمیده‌ی ما سهلت نماید اما

بر چشم دشمنان تیر از این کمان توان زد

در خانقه نگنجد اسرار عشق‌بازی

جام می مغانه هم با مغان توان زد

درویش را نباشد برگ سرای سلطان

ماییم و کهنه دلقی کاتش در آن توان زد

اهل نظر دو عالم در یک نظر ببازند

عشق ست و داو اول بر نقش جان توان زد

گر دولت وصالت خواهد دری گشودن

سرها بدین تخیل بر آستان توان زد

عشق و شباب و رندی مجموعه‌ی مراد ست

چون جمع شد معانی گوی بیان توان زد

شد رهزن سلامت زلف تو وین عجیب نیست

گر راهزن تو باشی صد کاروان توان زد

حافظ بحق قرآن کز شید و زرق باز آی

باشد که گوی عیشی در این جهان توان زد

دیوان حافظ

۵- مطرب عشق عجب ساز و نوایی دارد

نقش هر نغمه که زد راه به‌بجایی دارد

عالم از ناله‌ی عشاق مبادا خالی

که خوش آهنگ و فرح‌بخش نوایی دارد

پیر دردی کش ما گر چه ندارد زر و زور

خوش عطابخش و خطاپوش خدایی دارد

محترم دار دلم کاین مگس قند پرست

تا هواخواه تو شد فر همایی دارد

از عدالت نبود دور گرش پرسد حال

پادشاهی که به‌همسایه گدایی دارد

اشک خونین بنمودم به‌طبیبان گفتند

درد عشق ست و جگرسوز نوایی دارد
ستم از غمزه نیاموز که در مکتب عشق

هر عمل اجری و هر کرده جزایی دارد
نغز گفت آن بت ترسابچه‌ی باده‌پرست

شادی روی کسی خور که صفایی دارد
خسروا حافظ درگاه نشین فاتحه خواند

وز زبان تو تمنای دعایی دارد

دیوان حافظ

۶ – غم زمانه که هیچش گران نمی‌بینم
دواش جز می ارغوان نمی‌بینم

به ترک خدمت پیر مغان نخواهم گفت
چرا که مصلحت خود در آن نمی‌بینم

ز آفتاب قدح ارتفاع عیش بگیر
چرا که طالع وقت آن‌چنان نمی‌بینم

نشان اهل خدا عاشقی ست با خود دار
که در مشایخ شهر این نشان نمی‌بینم

بدین دو دیده‌ی حیران من هزار افسوس
که با دو آینه رویش عیان نمی‌بینم

قد تو تا بشد از جوی‌بار دیده‌ی من
به‌جای سرو جز آب روان نمی‌بینم

درین خمار کسم جرعه‌ای نمی‌بخشد
ببین که اهل دلی در میان نمی‌بینم

نشان موی میانش که دل در او بستم
ز من مپرس که خود در میان نمی‌بینم

من و سفینه‌ی حافظ که جز درین دریا
بضاعت سخن درفشان نمی‌بینم

دیوان حافظ

۷ – دوش دیدم که ملایک در می‌خانه زدند

گل آدم بسرشتند و به‌پیمانه زدند

ساکنان حرم ستر عفاف ملکوت

با من راه‌نشین باده‌ی مستانه زدند

آسمان بار امانت نتوانست کشید

قرعه‌ی کار بنام من دیوانه زدند

جنگ هفتاد و دو ملت همه را عذر بنه

چون ندیدند حقیقت ره افسانه زدند

شکر ایزد که میان من و صلح افتاد

صوفیان رقص‌کنان ساغر شکرانه زدند

آتش آن نیست کز شعله‌ی او خندد شمع

آتش آن ست که در خرمن پروانه زدند

کس چو حافظ نگشاد از رخ اندیشه نقاب

تا سر زلف سخن را به‌قلم شانه زدند

دیوان حافظ

۸ – جرمی ندارم بیش از ین، کز جان وفادارم تو را

ور قصد آزارم کنی، هرگز نیازارم تو را

زین ج‌ر بر جانم کنون، دست از جفا شستی به‌خون

جانا چه خواهد شد فزون، آخر ز آزارم ترا

رخ گر به‌خون شویم همی، آب از جگر جویم همی

در حال خود گویم همی، یادی بود کارم ترا

آب رخان من مبر، دل رفت و جان را در نگر

تیمار کار من بخور، گز جان خریدارم ترا

هان ای صنم خواری مکن، ما را فرازاری مکن

آبم به‌تاتاری مکن، تا دردسر نارم ترا

جانا ز لطف ایزدی گر بر دل و جانم زدی

هرگز نگویی انوری، روزی وفادارم ترا.

کلیات محمد انوری ابیوردی

۹ - ساقیا می ده که ما دُردی کش میخانه‌ایم

با خرابات آشنائیم از خرد بیگانه‌ایم

خویشتن سوزیم و جان بر سر نهاده شمع‌وار

هر کجا در مجلسی شمعی است ما پر پروانه‌ایم

اهل دانش را در این گفتار با ما کار نیست

عاقلان را کی زبان دارد که ما دیوانه‌ایم

گرچه قومی را صلاح و نیکنامی ظاهر است

ما به قلاشی و رندی در جهان افسانه‌ایم

اندرین ره گر بدانی هر دو بر یک جاده‌ایم

وندرین کوی ار ببینی هر دو از یک خانه‌ایم

خلق می‌گویند جاه و فضل در فرزانگی ست

گو مباش این‌ها که ما رندان نافرزانه‌ایم

عیب تست ار چشم گوهربین نداری ورنه ما

هر یک اندر بحر معنی گوهر یک دانه‌ایم

از بیابان عدم دی آمده فردا شده

کم‌تر از عیسا یک است کاندرین کاشانه‌ایم

سعدیا گر باده‌ی صافیت باید بازگو

ساقیا می ده که ما دردی کش میخانه‌ایم

کلیات مصلح‌الدین سعدی

۱۰- کتاب جست و جوی خرد ایرانی، از پیش از زرتشت تا بعد از باب، منصور کوشان، نشر اچ اند اس مدیا، لندن، ۱۳۹۱، آمازون.

۱۱- گفت آن مرغ این سزای او بود

که فسون زاهدان را بشنود

گفت زاهد نه سزای آن نشاف

کو خورد مال یتیمان از گزاف

بعد از آن نوحه‌گری آغاز کرد

که فخ و صیاد لرزان شد ز درد

کز تناقض‌های دل پشتم شکست

بر سرم جانا بیا می‌مال دست
زیر دست تو سرم را راحتی ست

دست تو در شکربخشی آیتی ست
سایه‌ی خود از سر من بر مدار

بی‌قرارم بی‌قرارم بی‌قرار
خواب‌ها بیزار شد از چشم من

در غمت ای رشک سرو و یاسمن
گر نیم لایق چه باشد گر دمی

ناسزایی را بپرسی در غمی
مر عدم را خود چه استحقاق بود

که بر و لطفت چنین درها گشود
خاک گرگین را کرم آسیب کرد

ده گهر از نور حس در جیب کرد
پنج حس ظاهر و پنج نهان

که بشر شده نطفه‌ی مرده از آن
توبه بی‌توقیف ای نور بلند

چیست جز بر ریش توبه ریشخند
سبلتان توبه یک یک بر کنی

توبه سایه ست و تو ماه روشنی
چون گریزم زانک بی‌تو زنده نیست

بی‌خداوندیت بود بنده نیست
جان من بستان تو ای جان را اصول

زانک بی‌تو گشته‌ام از جان ملول
عاشقم من بر فن دیوانگی

سیرم از فرهنگی و فرزانگی
چون بدرد شرم گویم راز فاش

چند از این صبر و ز حیر و ارتعاش
در حیا پنهان شدم هم‌چون سجاف

ناگهان بجهم از ین زیر لحاف
ای رفیقان راه‌ها را بست یار

آهوی لنگیم و او شیر شکار
جز که تسلیم و رضا کو چاره‌ای

در کف شیر نری خون‌خواره‌ای
او ندارد خواب و خور چون آفتاب

روح‌ها را می‌کند بی‌خورد و خواب
که بیا من باش یا هم‌خوی من

تا ببینی در تجلی روی من
ور ندیدی چون چنین شیدا شدی

خاک بودی طالب احیا شدی
گر ز بی‌سویت نداد ست او علف

چشم جانت چون بماند ست آن طرف
گربه بر سوراخ زان شد معتکف

که از آن سوراخ او شد معتلف
گربه‌ی دیگر همی گردد به‌بام

کز شکار مرغ یابید او طعام
آن یکی را قبله شد جولاهگی

و آن یکی حارس برای جامگی
کار او دارد که حق را شد مرید

بهر کار او ز هر کاری برید
دیگران چون کودکان این روز چند

تا شب ترحال بازی می‌کنند
خواب‌ناکی کو ز یقظت می‌جهد

دایه‌ی وسواس عشوه‌ش می‌دهد
رو بخسپ ای جان که نگذاریم ما

که کسی از خواب بجهاند ترا
هم تو خود را بر کنی از بیخ خواب

هم چو تشنه که شنود او بانگ آب
بانگ آبم من به گوش تشنگان
هم‌چو باران می‌رسم از آسمان
برجه ای عاشق برآور اضطراب
بانگ آب و تشنه و آن‌گاه خواب

مولوی، مثنوی، حواله کردن مرغ گرفتاری خود را در دام به فعل و مکر و رزق زاهد و جواب زاهد مرغ را.

۱۲- همان.

۱۳ - ساقیا می ده که ما دردی کش میخانه‌ایم
با خرابات آشناییم از خرد از خرد بیگانه‌ایم
خویشتن سوزیم و جان بر سر نهاده شمع وار
هر کجا در مجلسی شمعی ست ما پروانه‌ایم
اهل دانش را، در این گفتار، با ما کار نیست
عاقلان را کی زبان دارد که ما دیوانه‌ایم
گر چه قومی را صلاح و نیک نامی ظاهر است
ما به قلاشی و رندی در جهان افسانه‌ایم
اندر این راه ار بدانی هر دو بر یک جاده‌ایم
وندر این کوی ار ببینی هر دو از یک خانه‌ایم
خلق می‌گویند جاه و فضل در فرزانگی است
گو مباش این‌ها که ما رندان نا فرزانه‌ایم
عیب توست ار چشم گوهر بین نداری ورنه ما
هر یک اندر بحر معنی گوهر یک دانه‌ایم
از بیابان عدم دی آمده فردا شده
کمتر از عیشی یک امشب کاندرین کاشانه‌ایم
سعدیا گر بادیه صافیت باید بازگو
ساقیا می ده که ما دردی کش میخانه‌ایم

کلیات سعدی

۱۴- نگاه کنید به‌پانوشت ۸

۱۵ – به کوی میکده هر سالکی که ره دانست
دری دگر زدن اندیشه‌ی تبه دانست
زمانه افسر رندی نداد جز بکسی
که سرفرازی عالم درین کله دانست
بر آستانه‌ی می‌خانه هر که یافت رهی
ز فیض جام می اسرار خانقه دانست
هر آن که راز دو عالم ز خط ساغر خواند
رموز جام جم از نقش خاک ره دانست
ورای طاعت دیوانگان ز ما مطلب
که شیخ مذهب ما عاقلی گنه دانست
دلم ز نرگس ساقی امان نخواست بجان
چرا که شیوه‌ی آن ترک دل سیه دانست
ز جور کوکب طالع سحرگهان چشمم
چنان گریست که ناهید دید و مه دانست
حدیث حاغظ و ساغر که می‌زند پنهان
چه جای محتسب و شحنه پادشه دانست
بلند مرتبه شاهی که نه رواق سپهر
نمونه‌ای ز خم طاق بارگه دانست

دیوان حافظ

۱۶ - بیا تا گل برافشانیم و می در ساغر اندازیم
فلک را سقف بشکافیم و طرحی نو دراندازیم
اگر غم لشگر انگیزد که خون عاشقان ریزد
من و ساقی به‌هم تازیم و بنیادش براندازیم
شراب ارغوانی را گلاب اندر قدح ریزیم
نسیم عطرگردان را شکر در مجمر اندازیم
چو در دست ست رودی خوش بزن مطرب سرودی خوش
که دست‌افشان غزل خوانیم و پاکوبان سر اندازیم
صبا خاک وجود ما به‌آن عالی‌جناب انداز

بود کان شاه خوبان را نظر بر منظر اندازیم

یکی از عقل می‌نالد یکی طامات می‌بافد

بیا کاین داوری‌ها را به‌پیش داور اندازیم

بهشت عدن اگر خواهی بیا با ما به‌می‌خانه

که از پای خمت روزی بحوض کوثر اندازیم

سخن‌دانی و خوش‌خوانی نمی‌ورزند در شیراز

بیا حافظ که تا خود را به‌ملکی دیگر اندازیم

دیوان حافظ

۱۷ - سمن‌بویان غبار غم چو بنشینند بنشانند

پری‌رویان قرار از دل چو بستیزند بستانند

به‌فتراک جفا دل‌ها چو بر بندند بر بندند

نهال شوق در خاطر چو برخیزند بنشانند

به‌عمری یک نفس با ما چو بنشینند برخیزند

رخ مهر از سحرخیزان نگردانند اگر دانند

ز چشم لعل رمانی چو می‌خندند می‌بازند

ز رویم راز پنهانی چو می‌بینند می‌خوانند

دوای درد عاشق را کسی کو سهل پندارد

ز فکر آنان که در تدبیر درمانند درمانند

چو منصور از مراد آنان که بر دارند بردارند

بدین درگاه حافظ را چو می‌خوانند می‌رانند

درین حضرت چو مشتاقان نیاز آرند ناز آرند

که با این درد اگر در بند در مانند درمانند

دیوان حافظ

۱۸ - دیوان شمس، جلال‌الدین محمد مولوی بلخی

۱۹ - هر خشک و تر که داشتم، از غم بسوختم

هر بال و پر که داشتم، از دم بسوختم

از ناله‌ی هفت خیمه‌ی گردون شکافتم

وز آه چار گوشه‌ی عالم بسوختم

چندین هزار نافه‌ی مشک امید را

بر مجمر نیاز به‌یک دم بسوختم

بنگاه صبر و خرمن دل را جملگی

کردم به‌جهد با هم و در هم بسوختم

هر جوهری که بود بر این سقف لاجورد

از شعله‌های آه دمادم بسوختم

گر چتر روز سوختم از دم عجب مدار

منجوق صبح و پرچم شب هم بسوختم

از تف دل شرار به‌صحرا چنان زدم

کز دود مهره در سر ارقم بسوختم

نیمی بسوختم دل خاقانی از عنا

نیمی دگر که ماند به‌ماتم بسوختم

دوش از بخار سینه بخوری بساختم

بر خاک فیلسوف معظم بسوختم

هر ساعت این خروش برآید مرا ز دل

کای غم، بسوختم ز غم، ای غم بسوختم

دیوان خاقانی شروانی

۲۰ - تولد شهزاده بهرام، هفت گنبد، نظامی گنجوی

۲۱- دیوان شمس تبریزی، جلال‌الدین محمد بلخی

پی‌نوشت در جست و جوی جان آزاد:

۱- این متن حاصل پرسش خانم نجمه موسوی برای ماهنامه‌ی **آرش** با مدیر یت پرویز
قلیج‌خانی است. او خواست با خواندن نامه‌ی یک‌شنبه ۱۳ مرداد فروغ فرخزاد،
به پرویز شاپور، از کتاب **اولین تپش‌های عاشقانه‌ی قلبم**، هم در باره‌ی
"محتویات" آن قضاوت داشته باشم و هم "نویسنده‌ی آن را" تعریف کنم.
او نوشته بود: "در کتاب **اولین تپش‌های عاشقانه‌ی قلبم** که نامه‌های فروغ
فرخزاد به همسرش پرویز شاپور است، نامه‌ای به طور ویژه توجه مرا جلب کرد.

نوشتن این نامه را در آن زمان اوج خودآگاهی فروغ ارزیابی کردم. هر چند نامه مانند همه‌ی نامه‌های کتاب مذکور پاسخی ندارد و اگر هم داشته است به علت عدم دسترسی تهیه‌کننده‌ی کتاب، ما از آن بی‌اطلاعیم. ولی پاسخ این نامه را هم می‌توان مانند نامه‌های دیگر، از خلال نامه‌های فروغ حدس زد. پایان این رابطه و ازدواج، خود پاسخی گویا ست به خواسته‌های فروغ در آن زمان. از خود پرسیدم با وجود گذشت بیش از چهل سال از نوشتن این نامه، اگر هر یک از مردان روشنفکری که در اطراف خود می‌شناسیم مخاطب این نامه بودند چه برخورد متفاوتی می‌کردند؟ پاسخ بسیار مبهم بود و نمی‌توانستم با اطمینان پاسخی برای آن بیابم. پس بر آن شدم که پاسخ را از شما دوستان به صورت مستقیم بگیرم تا قضاوتی عجولانه و جانبدارانه نکرده باشم.

سوال این است: **"ـ قضاوت شما در باره‌ی محتویات این نامه چیست و نویسنده‌ی آن را چطور تعریف می‌کنید؟"**

۲- فروغ فرخزاد خود در نامه یا گفت و گویی به این نکته اشاره می‌کند که متأسفانه منبع آن را به درستی به خاطر ندارم.

۳- مجموعه‌ی نامه‌های فروغ فرخزاد: **اولین تپش‌های عاشقانه‌ی قلبم**، نامه‌ی یک‌شنبه ۱۳ مرداد.

۴- همان جا.

۵- باطل الاباطیل. هیچ چیز زیر آفتاب تازه نیست. کتاب جامعه. تورات.

۶- مجموعه‌ی نامه‌های فروغ فرخزاد: **اولین تپش‌های عاشقانه‌ی قلبم**"، نامه‌ی یک‌شنبه ۱۳ مرداد.

۷- نامی که مهدی اخوان ثالث با نوشتن مرثیه‌اش در مرگ فروغ فرخزاد به او داد.

۸- همان‌جا

۹- همان‌جا

۱۰- همان‌جا

۱۱- همان‌جا

۱۲- همان‌جا. تأکید از من است.

۱۳- نجات‌دهنده در گور خفته است. فروغ فرخزاد.